Santé 4.0

La Nouvelle (R)évolution

Enrico Guardelli

Copyright © 2024 Enrico Guardelli

Tous droits réservés

Certaines parties du livre ne peuvent être reproduites, stockées dans un système de récupération ou transmises sous quelque forme ou par quelque moyen que ce soit, électronique, mécanique, photocopie, enregistrement ou autre, sans l'autorisation écrite expresse de l'éditeur.

Concept de couverture par : MedTechBiz

MedTechBiz
PUBLISHER

Santé 4.0 - La Nouvelle (R)évolution

Table des matières

Table des matières 2
Introduction 4
La Révolution Santé 4.0 7
Santé Numérique : Concepts, Fondamentaux et Défis 19
Le « Parcours du Patient » 29
Technologies Numérique de Santé 46
    Télémédecine 49
    Dispositifs médicaux et Internet des objets (IoT) 52
    Dossiers de Santé Électroniques (DSE) 55
    Applications de Santé 58
    Wearables et Appareils Intelligents 61
Formation, Éducation et Culture Organisationnelle 65
La Santé Dans Différents Contextes 71
    Histoires de Réussite Et Études De Cas 78
    L'intelligence Artificielle en Médecine 82
    Big Data 97
    Blockchain 102
    Chirurgie Robotique 107
Lois sur La Protection des Données de Santé 115
    RGPD 124
    HIPAA 128
    LGPD 134
    LPRPDE 136

Privacy Act...139
Les Défis de la RGPD..141
Mesures de Sécurité et Risques de Cybersécurité.................. **147**
Startups et Medtech en Médecine..**158**
Interopérabilité des données de Santé.................................**167**
Centre de Commandement..**177**
Open Health.. **188**
Maturité Numérique dans les Etablissements de Santé............**212**
Conclusion..**216**
Glossaire des Termes Techniques..**219**
Références bibliographiques..**221**
Livres et articles académiques................................... 221
Articles de magazines et de journaux..........................227
Rapports et documents officiels..................................228
Ressources en ligne et sites Web................................ 229
Conférences et colloques.. 232
Législation et réglementation......................................233

Introduction

Dans le paysage dynamique et de plus en plus interconnecté des soins de santé, la technologie joue un rôle essentiel dans la transformation et l'évolution des soins de santé.

De l'essor des dossiers médicaux électroniques au développement d'applications de suivi de santé, la santé numérique a révolutionné la manière dont les patients reçoivent des soins et la manière dont les professionnels de santé les prodiguent.

Dans ce livre, nous explorons les complexités et les promesses de la santé numérique, en entrant dans un monde où l'innovation technologique et la médecine fusionnent pour créer un avenir passionnant et plein de possibilités.

À mesure que nous avançons dans ce siècle, nous assistons à une explosion d'avancées technologiques qui façonnent notre façon de concevoir la santé et le bien-être.

Des appareils portables qui surveillent les signes vitaux des patients aux algorithmes d'intelligence artificielle qui aident à diagnostiquer les maladies à un stade précoce, la technologie transforme radicalement la pratique de la médecine.

Dans le même temps, le contexte sanitaire mondial est confronté à des défis sans précédent, tels que le vieillissement de la population, l'augmentation des maladies chroniques et la pandémie mondiale.

Nous explorons les tendances actuelles et futures en matière de santé numérique, en examinant comment la technologie est appliquée pour améliorer la qualité des soins, accroître l'accès aux services médicaux et permettre aux patients de gérer leur propre santé.

Cependant, nous prenons en compte les défis éthiques, réglementaires et de sécurité qui accompagnent cette révolution numérique, en veillant à ce que les avantages de la technologie soient obtenus de manière responsable et inclusive.

Santé 4.0 - La Nouvelle (R)évolution

Alors que nous nous aventurons dans ce domaine passionnant de la santé numérique, il est impératif de considérer non seulement les opportunités qu'elle offre, mais également les responsabilités qu'elle impose.

Ce livre est une exploration complète du présent et de l'avenir de la santé numérique, destiné aux professionnels de la santé, aux chercheurs, aux décideurs politiques et à toute personne souhaitant comprendre comment la technologie façonne l'avenir des soins de santé.

Ensemble, nous explorons les limites de l'innovation et les voies vers un avenir plus sain et plus connecté.

La Révolution Santé 4.0

« Santé 4.0 » représente la prochaine phase de l'évolution du secteur de la santé. Poussé par l'intégration de technologies numériques avancées, il vise à transformer radicalement la prestation des soins de santé en promouvant l'interopérabilité des données, la personnalisation des traitements et une approche centrée sur le patient.

Comme le déclare l'expert en santé numérique Nosta (2018), « la santé 4.0 concerne la convergence des technologies émergentes telles que l'intelligence artificielle, la génomique, l'IoT et l'analyse des données pour révolutionner la façon dont nous gérons notre santé et notre bien-être. ".

À l'ère de la révolution numérique dans le domaine de la santé, la transformation est profonde et continue, avec une évolution rapide des technologies de l'information et de la communication.

Santé 4.0 - La Nouvelle (R)évolution

Ce changement remodèle la manière dont les soins de santé sont dispensés, améliorant l'efficacité, la qualité et l'accessibilité des services.

L'intégration des technologies numériques dans les soins de santé a le potentiel de « responsabiliser les patients, d'améliorer les résultats cliniques et de réduire les coûts » - Topol (2012).

La numérisation des données de santé, la télémédecine et les dispositifs de surveillance à distance ne sont que quelques-unes des innovations qui façonnent le paysage moderne des soins de santé.

L'un des aspects les plus notables de cette révolution est l'émergence des dossiers de santé électroniques (DSE), qui centralisent et numérisent les informations sur les patients, facilitant ainsi l'accès et la coordination entre les différents prestataires de soins de santé.

Selon Buntin et al. (2011), l'adoption du DSE peut « améliorer considérablement la qualité et la sécurité des soins aux patients » en réduisant les erreurs médicales et en garantissant que les professionnels de la santé ont accès aux informations les plus récentes et les plus précises.

La télémédecine a également joué un rôle crucial dans la révolution des soins de santé numériques, en particulier pendant la pandémie de COVID-19, lorsque le besoin de distanciation sociale a accéléré son adoption.

Des études indiquent que la télémédecine améliore non seulement l'accès aux soins, mais peut également être plus pratique et efficace pour les patients et les professionnels de la santé (Keesara, Jonas et Schulman, 2020).

De plus, le développement de technologies portables et de dispositifs de surveillance à distance permet aux patients de mieux gérer leur état de santé en temps réel.

Ces appareils peuvent surveiller divers paramètres tels que la fréquence cardiaque, les niveaux de glucose et les habitudes de sommeil, fournissant ainsi des données précieuses qui peuvent être partagées avec les professionnels de la santé pour des soins plus proactifs et personnalisés.

L'approche centrée sur le patient est l'une des plus grandes promesses de la révolution numérique dans le domaine des soins de santé, car elle favorise une plus grande autonomie et un plus grand engagement des patients dans leur propre parcours de santé.

Par conséquent, la révolution numérique dans le domaine des soins de santé transforme fondamentalement la manière dont les soins sont dispensés et reçus.

Avec l'intégration continue de technologies innovantes et l'accent croissant mis sur la personnalisation et l'efficacité des soins, la santé numérique est en mesure d'offrir des avantages significatifs aux patients et aux professionnels de la santé.

Comme le soulignent Topol et Buntin (2019), la numérisation des soins de santé n'est pas seulement une tendance passagère, mais une évolution nécessaire qui remodèle l'avenir de la médecine.

Les solutions sans papier impliquent la numérisation des processus, l'utilisation de technologies avancées et la mise en œuvre de systèmes électroniques qui remplacent les documents physiques.

Ce changement simplifie non seulement la gestion des informations, mais améliore également la qualité des soins aux patients et la sécurité des données.

Il s'agit d'une évolution inévitable, motivée par la nécessité d'améliorer l'efficacité opérationnelle, de réduire les coûts et d'améliorer la qualité des soins aux patients.

L'une des principales solutions dans ce contexte est l'adoption du Dossier Patient Electronique (PEP), qui remplace le dossier médical papier par des versions numériques accessibles aux professionnels de santé en temps réel.

Ce changement accélère non seulement l'accès aux informations sur les patients, mais améliore également la précision du diagnostic et la coordination des soins, ce qui se traduit par des soins plus intégrés et plus efficaces.

Il est également pertinent de noter que la prescription électronique de médicaments constitue une autre solution clé dans la transition vers un environnement sans papier.

En éliminant le besoin d'ordonnances papier, la prescription électronique réduit considérablement les erreurs de médication, augmente la sécurité des patients et facilite le suivi des ordonnances par les pharmaciens et autres professionnels de la santé.

Cette approche simplifie également le processus de renouvellement des ordonnances et la communication entre les membres de l'équipe médicale, favorisant ainsi une collaboration plus efficace.

La numérisation des formulaires d'admission, des consentements éclairés et d'autres documents administratifs constitue une autre étape importante de ce processus. En remplaçant les documents physiques par des versions numériques, les établissements de santé peuvent réduire le temps et les ressources nécessaires au traitement de ces documents, ainsi que le besoin d'espace de stockage physique.

Cela rationalise non seulement les processus administratifs, mais contribue également à une gestion plus durable et plus efficace des ressources de l'institution.

Les plateformes de planification en ligne deviennent de plus en plus populaires et remplacent les anciens calendriers papier.

Ils permettent aux patients et aux professionnels de la santé de planifier et de gérer les rendez-vous plus efficacement, réduisant ainsi les temps d'attente, minimisant les conflits d'horaire et améliorant l'expérience du patient.

Grâce à un accès facile et pratique, les patients ont plus de contrôle sur leur calendrier de rendez-vous, tandis que les professionnels de la santé peuvent optimiser l'utilisation du temps et des ressources disponibles.

Une autre solution sans papier consiste à adopter des processus de facturation et de codage électroniques. Ces systèmes automatisés simplifient l'administration financière des établissements de santé, réduisant les erreurs et accélérant le remboursement des services fournis.

Avec moins de paperasse et de processus manuels, les organisations peuvent améliorer leur efficacité financière et consacrer davantage de ressources aux soins directs des patients.

Par conséquent, l'adoption de ces solutions favorise une plus grande efficacité opérationnelle. Les processus automatisés et numérisés sont plus rapides, moins sujets aux erreurs et nécessitent moins de ressources humaines, ce qui se traduit par des opérations plus efficaces et des coûts d'exploitation réduits.

La réduction des coûts est un autre avantage important des solutions sans papier. La dématérialisation réduit les coûts associés à l'impression, au stockage et à la gestion des documents physiques.

Les ressources auparavant consacrées à la tenue des dossiers physiques peuvent être réaffectées à des domaines prioritaires, comme l'achat d'équipements médicaux modernes ou l'embauche de personnel supplémentaire.

En résumé, les solutions sans papier dans les établissements de santé offrent de nombreux avantages qui améliorent l'efficacité opérationnelle, réduisent les coûts, améliorent la qualité des soins aux patients et garantissent la sécurité des données.

Ces solutions modernisent non seulement les processus de soins de santé, mais contribuent également à une expérience meilleure et plus sûre pour les patients et les professionnels de santé.

L'un des principaux défis est le coût initial important associé à la mise en œuvre des systèmes électroniques et des technologies associées. Au-delà de l'investissement dans les logiciels et le matériel, il y a des coûts de formation du personnel et des perturbations opérationnelles potentielles pendant le processus de mise en œuvre.

Un autre défi important est la formation du personnel. L'introduction de nouvelles technologies nécessite que les employés se familiarisent avec les nouveaux systèmes et processus, ce qui peut nécessiter beaucoup de temps et de ressources.

Une formation efficace est essentielle pour garantir que les employés peuvent utiliser les nouveaux outils de manière efficace et productive, en minimisant les erreurs potentielles et en maximisant les avantages des solutions sans papier.

L'intégration des systèmes peut être complexe et nécessite une planification minutieuse pour garantir une transition fluide et transparente.

L'adoption de solutions sans papier constitue une tendance de transformation dans le secteur de la santé, offrant des avantages significatifs en termes d'efficacité, de coût, de qualité des soins et de durabilité.

Malgré les difficultés de mise en œuvre, les avantages potentiels font de cette transition un objectif souhaitable pour les établissements de santé cherchant à moderniser leurs opérations et à améliorer le service aux patients.

Grâce à une planification stratégique et à des investissements dans la formation et la sécurité, la transition vers un environnement sans papier peut être réalisée avec succès, apportant des avancées importantes au secteur de la santé.

Santé Numérique : Concepts, Fondamentaux et Défis

La santé numérique peut être définie comme « le domaine multidisciplinaire des informations, produits et services de santé basés sur Internet et liés à la technologie, allant de la santé mobile (mHealth) à la santé électronique (eHealth) et à d'autres disciplines émergentes » (Eysenbach, 2001).

Ce domaine englobe d'autres innovations technologiques telles que les dossiers de santé électroniques (DSE), la télémédecine, les appareils portables, l'intelligence artificielle et le big data, entre autres outils et systèmes qui facilitent la surveillance, le diagnostic, le traitement et la gestion de la santé. à distance et efficacement.

Cette définition, proposée par Gunther Eysenbach dans son article « Qu'est-ce que la e-santé ? », met en évidence l'étendue et l'interdisciplinarité de la santé numérique, en soulignant son lien avec la technologie et son application dans différents contextes de santé.

Selon Eysenbach (2001), la cybersanté est un terme large qui décrit « l'application des technologies numériques à la santé, englobant un large éventail d'activités et d'innovations visant à améliorer la santé et les soins de santé grâce à l'utilisation des technologies de l'information ». et communication".

mHealth , ou santé mobile, fait référence à l'utilisation d'appareils mobiles, tels que les smartphones et les tablettes, pour soutenir la pratique médicale et de santé publique. Applications et technologies conçues pour surveiller la santé, fournir des informations médicales, soutenir les soins personnels et faciliter la communication entre les patients et les professionnels de la santé.

Du suivi de l'exercice et du régime alimentaire aux rappels de médicaments et à l'accès aux dossiers médicaux électroniques. Ces outils mobiles deviennent de plus en plus populaires en raison de leur commodité, de leur accessibilité et de leur capacité à améliorer l'engagement des patients et les résultats de santé.

La santé numérique facilite non seulement l'accès aux soins de santé et leur prestation, mais favorise également une approche plus centrée sur le patient, permettant aux individus de surveiller leur propre santé et de participer plus activement à la gestion de leur état de santé.

Selon Kay et al. (2001), la santé numérique « responsabilise les patients en leur fournissant des informations et des outils qui permettent une gestion plus efficace de leur santé et de leur bien-être ».

Ainsi, la santé numérique représente une transformation significative dans la manière dont les soins de santé sont fournis et gérés, favorisant l'efficacité, l'accessibilité et la personnalisation des services de santé grâce à l'utilisation des technologies numériques.

Même si cela peut sembler un phénomène moderne, la santé numérique a des racines qui remontent aux débuts de l'utilisation des technologies de communication en médecine. L'utilisation du téléphone pour des consultations médicales à distance et l'envoi de radiographies par fax en sont quelques-uns des premiers exemples.

Avec l'avènement d'Internet et des ordinateurs personnels dans les années 1980, les premiers systèmes de dossiers médicaux électroniques et les premières tentatives de télémédecine ont vu le jour.

L'introduction d'Internet dans la vie quotidienne et l'expansion des réseaux de communication dans les années 1990 ont permis le développement de systèmes de dossiers de santé électroniques (DSE) plus sophistiqués et le lancement de consultations médicales par vidéoconférence.

Entre 2000 et 2009, les smartphones sont devenus populaires et les premières applications de santé (mHealth) ont vu le jour dans les pays plus développés. La télémédecine a commencé à gagner du terrain, notamment dans les zones reculées.

Dans les années 2010, nous pouvons souligner les progrès des appareils portables, tels que les montres intelligentes avec moniteurs de fréquence cardiaque. Croissance exponentielle des données numériques de santé et début de l'intégration du big data et de l'intelligence artificielle dans l'analyse de ces données.

La pandémie de COVID-19 a accéléré l'adoption des technologies de santé numérique à l'échelle mondiale ces dernières années, nécessitant une réglementation juridique de l'activité et soulignant l'importance des solutions de santé à distance et basées sur la technologie.

Par conséquent, nous pouvons définir la « santé numérique » comme un domaine émergent qui intègre les technologies de l'information et de la communication à la pratique de la médecine et des services de santé.

La terminologie de la santé numérique englobe également des termes tels que l'interopérabilité, la surveillance à distance, l'IoT (Internet des objets) dans les soins de santé, reflétant la diversité des technologies et des approches qui transforment la manière dont les soins de santé sont dispensés et gérés.

Comprendre ces concepts et cette terminologie est essentiel pour les professionnels de la santé, les développeurs de technologies et les décideurs politiques alors qu'ils naviguent et façonnent l'avenir des services de santé numériques.

L'introduction des technologies numériques dans les soins de santé a eu de profondes répercussions, transformant la manière dont les soins de santé sont dispensés.

Cet ensemble de solutions a amélioré l'efficacité et la qualité des soins, permettant des soins plus rapides et plus précis.

Pour Topol (2019), la numérisation de la santé a le potentiel de responsabiliser les patients, en leur offrant un accès direct à leurs informations de santé et en augmentant leur capacité à gérer eux-mêmes leurs maladies chroniques.

En donnant accès à des données de santé plus précises et plus récentes, les systèmes numériques aident les professionnels de santé à diagnostiquer et à traiter les maladies. Grâce à des informations plus complètes et accessibles sur les antécédents médicaux d'un patient, les médecins peuvent prendre des décisions plus éclairées et prodiguer des soins plus personnalisés et plus efficaces.

L'automatisation des tâches administratives et cliniques, telles que la planification des rendez-vous, la délivrance d'ordonnances et l'enregistrement des données des patients, réduit le temps et les coûts associés aux soins de santé.

Cela permet aux professionnels de la santé de consacrer plus de temps à s'occuper directement des patients, améliorant ainsi la qualité globale des soins.

Cependant, la mise en œuvre de ces technologies pose également des défis importants. Premièrement, la sécurité et la confidentialité des données des patients sont des préoccupations majeures.

Santé 4.0 - La Nouvelle (R)évolution

La protection des informations sensibles contre les accès non autorisés et les cyberattaques est essentielle pour garantir la confiance des patients et l'intégrité des systèmes de santé numériques.

Un autre défi important est l'inégalité d'accès aux technologies numériques. Tout le monde n'a pas un accès égal aux appareils mobiles, à l'Internet haut débit ou aux compétences numériques, ce qui crée une fracture numérique qui peut accroître les disparités en matière de santé.

L'interopérabilité entre les différents systèmes de santé continue de constituer un obstacle qui empêche l'échange efficace d'informations entre les différentes plateformes.

Kaplan (2016) souligne qu'il est crucial d'élaborer des politiques de cybersécurité solides et des réglementations claires pour protéger la vie privée des patients et garantir l'intégrité des données.

Ces défis nécessitent une approche collaborative entre les développeurs de technologies, les professionnels de santé et les décideurs politiques pour garantir que les avantages de la numérisation soient pleinement exploités sans compromettre la sécurité et la confiance des patients.

À mesure que la technologie évolue rapidement, il est nécessaire d'élaborer et de mettre en œuvre des politiques et des réglementations actualisées qui abordent des questions telles que les normes de sécurité, la responsabilité légale et la confidentialité des patients.

Il peut y avoir une résistance à l'adoption de la technologie, car de nombreux professionnels de la santé peuvent s'opposer à la mise en œuvre de systèmes numériques en raison de préoccupations concernant la courbe d'apprentissage et les changements dans la pratique clinique.

Pour surmonter ces obstacles, il faut un effort coordonné pour fournir une formation adéquate, un soutien technique et des incitations à l'adoption de la technologie.

Pour que la santé numérique réussisse, il doit y avoir un équilibre entre la promotion de l'innovation et la protection des intérêts des patients et des professionnels de santé.

La santé numérique et le parcours du patient sont intrinsèquement liés, et la technologie joue un rôle clé à chaque étape du processus de soins de santé.

De la recherche d'informations sur la santé au suivi post-traitement, les solutions numériques ont le potentiel d'améliorer l'expérience du patient à chaque étape.

Le « Parcours du Patient »

Le « parcours du patient » est un concept clé dans le domaine des soins de santé et fait référence au processus par lequel un patient passe depuis son premier contact avec le système de santé jusqu'à la fin du traitement ou des soins.

Gupta et coll. (2016) considère le « parcours du patient » comme une représentation holistique des interactions et des expériences du patient avec les services de santé au fil du temps, allant de la recherche d'informations initiales sur les symptômes à la réalisation de tests, de traitements et d'un suivi post-traitement.

Du point de vue de Smith et al. (2018), le parcours du patient peut être divisé en plusieurs étapes distinctes, chacune comportant ses propres défis et opportunités.

Ces étapes comprennent la reconnaissance du besoin de soins médicaux, la recherche d'informations et de conseils, l'accès aux services de santé, la participation au processus de traitement et la transition vers des soins de suivi ou post-traitement.

Cependant, il est important de souligner que le parcours du patient n'est pas linéaire et peut être influencé par divers facteurs, tels que la gravité de l'état de santé, les préférences du patient, la disponibilité des ressources et la qualité des services de soins. médical.

Comme mentionné par Johnson et al. (2020), comprendre et cartographier le parcours du patient est essentiel pour identifier les points d'amélioration dans la prestation des services de santé, personnaliser les soins en fonction des besoins individuels des patients et garantir une expérience de soins continue et intégrée.

Le parcours d'un patient au sein d'un établissement de santé comporte de multiples étapes que la digitalisation transforme dans l'ensemble de ses soins.

Le voyage numérique commence par la reconnaissance et l'éducation, lorsque, sur la base de la connaissance des symptômes, des informations sont recherchées sur votre état de santé.

À l'ère du numérique, les patients s'appuient sur une variété d'outils et de ressources en ligne pour s'auto-évaluer et rechercher des informations initiales sur leur santé.

Ces ressources comprennent des outils d'auto-évaluation et des ressources pédagogiques numériques, qui permettent aux utilisateurs de saisir des symptômes précis et de recevoir une analyse préliminaire, facilitant ainsi la compréhension de leurs problèmes de santé avant même de consulter un professionnel de la santé.

Par exemple, des applications comme Ada et WebMD Symptom Checker permettent aux utilisateurs de saisir leurs symptômes et d'obtenir une liste des problèmes de santé possibles.

Les applications utilisent des algorithmes avancés et des bases de données médicales pour fournir des recommandations préliminaires, aidant ainsi les patients à décider s'ils doivent consulter immédiatement un médecin ou attendre de voir si les symptômes disparaissent d'eux-mêmes.

Les plateformes en ligne telles que NHS Symptom Checker au Royaume-Uni proposent des services similaires, permettant aux patients de décrire leurs symptômes et de recevoir des conseils sur les prochaines étapes. Ils fournissent souvent des informations supplémentaires sur la gravité des symptômes et sur le moment où demander de l'aide d'urgence.

Outre les outils d'auto-évaluation, les ressources pédagogiques numériques jouent un rôle crucial dans l'éducation des patients sur leur état de santé et les options de traitement disponibles.

De nombreux médecins et organismes de santé tiennent des blogs proposant des articles détaillés sur divers problèmes de santé, traitements et stratégies de prévention. Rédigés dans un langage accessible, ces blogs répondent souvent aux questions courantes des patients.

Des plateformes telles que YouTube et des sites Web d'organismes de santé tels que la Mayo Clinic proposent une large gamme de vidéos éducatives et explicatives sur des conditions médicales complexes de manière visuelle et simplifiée, les rendant plus faciles à comprendre pour les patients.

L'utilisation d'infographies visuelles combinant texte et images est également valable pour expliquer les informations médicales de manière claire et concise. Ils sont particulièrement utiles pour décrire les processus biologiques, les options de traitement et les conseils de prévention. Des organisations comme l'American Heart Association utilisent souvent des infographies pour sensibiliser le public à la santé cardiovasculaire.

En utilisant ces ressources, les patients informés peuvent commencer leur parcours de soins avec une base de connaissances solide, facilitant ainsi des interactions plus productives avec les professionnels de la santé.

L'accès aux rendez-vous médicaux et leur planification ont été considérablement transformés par la santé numérique. La possibilité d'auto-planification réduit le temps d'attente pour les rendez-vous et les examens, optimisant également les processus administratifs et la disponibilité médicale.

Les patients sont souvent confrontés à de longs délais d'attente pour les rendez-vous, les tests et les procédures, ce qui peut retarder le diagnostic et le traitement, aggraver l'état du patient et accroître son anxiété.

Le manque de disponibilité de spécialistes ou d'horaires de rendez-vous pratiques est un problème récurrent, qui rend difficile pour les patients d'obtenir des soins en temps opportun, en particulier dans les zones où il y a une pénurie de professionnels de santé.

Ces plateformes de planification en ligne permettent aux patients de prendre facilement des rendez-vous médicaux via des applications ou des sites Web, offrant ainsi une vue claire de la disponibilité des différents professionnels de santé.

L'établissement accélère non seulement le processus de prise de rendez-vous, mais augmente également la transparence, permettant aux patients de choisir les horaires qui conviennent le mieux à leurs besoins.

Suite à la révolution de l'accès à la santé, les téléconsultations et la télémédecine offrent une alternative pratique et efficace, particulièrement bénéfique pour les personnes à mobilité réduite ou qui vivent dans des zones reculées.

La télémédecine élimine le besoin de se déplacer, réduit les temps d'attente et permet des soins plus rapides et plus efficaces.

Cela était particulièrement important en période de pandémie comme celle de Covid-19, où le besoin de distanciation sociale rend les consultations en personne moins viables. Faciliter le suivi des maladies chroniques permet un suivi continu et régulier.

Les innovations en matière d'accès et de planification profitent non seulement aux patients, mais ont également un impact positif sur la gestion des services de santé.

Avec la numérisation de ces processus, on obtient une meilleure organisation des horaires des professionnels de santé, optimisant l'utilisation du temps et des ressources disponibles.

Dans le même temps, les plateformes numériques collectent des données précieuses sur les horaires et les modèles de service, qui peuvent être analysées pour améliorer l'efficacité opérationnelle et la qualité des services fournis.

Un autre domaine dans lequel la technologie a un impact important est celui du diagnostic numérique. L'intelligence artificielle (IA) et l'analyse du Big Data deviennent des outils indispensables pour soutenir le diagnostic clinique.

Les outils d'IA peuvent analyser de grands volumes de données médicales, notamment des images radiographiques, des tomodensitogrammes et des IRM, pour identifier des modèles et des anomalies qui peuvent ne pas être facilement détectables à l'œil nu.

Par exemple, des algorithmes avancés sont capables de détecter avec une grande précision les premiers signes de cancer, de maladies cardiaques et d'autres maladies graves.

Cela augmente non seulement la rapidité et la précision des diagnostics, mais permet également aux professionnels de la santé de prendre des décisions plus éclairées et de proposer des traitements plus efficaces.

Ces innovations technologiques transforment la manière dont les diagnostics sont posés et les soins prodigués. L'intégration des outils numériques et de l'intelligence artificielle dans les processus de consultation et de diagnostic permet une médecine plus personnalisée et proactive.

La capacité d'analyser les données en temps réel et de fournir rapidement des diagnostics précis peut sauver des vies, améliorer les résultats des traitements et accroître l'efficacité des systèmes de santé.

À mesure que la technologie continue d'évoluer, le rôle des téléconsultations et du diagnostic numérique devrait devenir encore plus central dans la pratique médicale, redéfinissant les normes de soins et améliorant la qualité des services de santé.

Une fois le diagnostic identifié, le patient est référé pour un suivi et un traitement. Les solutions numériques utilisant des applications de gestion de la santé et des dispositifs de surveillance à distance ont contribué à cette étape.

Les applications mobiles, telles que MySugr pour le diabète et Medisafe pour les rappels de médicaments, permettent aux patients de gérer efficacement leurs maladies chroniques, leurs médicaments et leurs rendez-vous médicaux.

Les appareils de surveillance à distance, tels que les appareils portables et les capteurs connectés, surveillent les signes vitaux et d'autres indicateurs de santé en temps réel. La transmission des données directement aux professionnels de santé permet une surveillance continue et un ajustement des traitements si nécessaire.

Les exemples incluent les tensiomètres connectés et les capteurs de glucose en continu, qui améliorent la gestion de la santé et la réponse rapide aux changements de l'état du patient.

En parallèle, les plateformes de soutien aux patients jouent un rôle crucial dans le maintien de la santé et du bien-être en proposant des communautés et des forums en ligne où les patients peuvent partager leurs expériences, obtenir le soutien et les conseils d'autres personnes souffrant de maladies similaires.

Ainsi, ces solutions offrent un espace sûr et accueillant, où les patients se sentent compris et moins isolés, améliorant ainsi leur engagement dans les soins médicaux et leur adhésion aux traitements prescrits.

Les programmes de bien-être numérique sont un autre élément emblématique du soutien continu aux patients. Les applications et programmes en ligne, qui promeuvent des habitudes saines telles qu'une alimentation équilibrée et l'activité physique, utilisent des techniques de gamification pour maintenir la motivation des utilisateurs.

Une surveillance continue et des commentaires personnalisés aident les patients à maintenir leurs objectifs de santé, favorisant ainsi un changement de comportement durable.

En plus d'améliorer la santé physique, ces programmes améliorent également le bien-être mental en proposant une approche holistique des soins de santé.

La digitalisation du « Parcours Patient » présente donc des avantages importants, l'accessibilité étant l'un des principaux.

L'efficacité du système de santé est améliorée en réduisant les temps d'attente aux rendez-vous, en simplifiant la planification et en optimisant la communication entre les patients et les professionnels de santé.

Un autre point à souligner est la personnalisation, avec des outils numériques qui permettent des traitements adaptés aux besoins individuels de chaque patient, en tenant compte de ses antécédents médicaux et de ses préférences personnelles.

Le manque de communication claire entre les professionnels de santé et les patients constitue un problème majeur. Les patients peuvent ne pas comprendre leurs diagnostics, leurs plans de traitement ou leurs instructions de soins, ce qui entraîne une non-conformité et des erreurs dans leurs soins personnels.

Les soins qui ne tiennent pas compte des besoins et des préférences individuels des patients diminuent leur satisfaction et peuvent nuire à l'efficacité du traitement.

Grâce aux applications et plateformes numériques de santé, l'engagement des patients est accru, encourageant une gestion active de la santé et promouvant un mode de vie plus sain.

Pour compléter le parcours numérique du patient, la surveillance continue est facilitée par des appareils connectés, permettant une surveillance en temps réel de l'état de santé, améliorant les résultats cliniques et offrant une plus grande tranquillité d'esprit aux patients et aux professionnels de santé. .

Bien que la numérisation apporte de nombreux avantages, le parcours du patient est semé d'embûches qui peuvent avoir un impact significatif sur la qualité de ses soins et sur l'expérience globale au sein de l'établissement de santé.

Des problèmes surviennent à différentes étapes du processus, depuis l'admission jusqu'à la sortie et le suivi, et peuvent compromettre l'efficacité des soins prodigués.

Des préoccupations concernant la sécurité et la confidentialité des données aux problèmes liés à l'inégalité d'accès et à la résistance à l'adoption de nouvelles technologies par les professionnels de la santé, les défis du parcours numérique des patients soulignent la nécessité d'approches réfléchies et de solutions innovantes pour assurer une transition fluide et efficace. aux services de santé numériques.

Garantir que les données de santé des patients sont protégées contre tout accès non autorisé et toute violation de la vie privée est essentiel pour maintenir la confiance des patients et se conformer aux réglementations telles que le RGPD en Europe et la HIPAA aux États-Unis. La mise en œuvre de mesures de sécurité strictes, telles que le cryptage et les contrôles d'accès, est essentielle pour protéger les informations sensibles et prévenir les fuites de données.

L'accès au numérique est une préoccupation qui ne peut être négligée. Veiller à ce que tous les patients, quel que soit leur situation géographique ou leur statut socio-économique, aient accès aux technologies de santé numériques peut prévenir les inégalités dans la prestation des soins.

Le manque de continuité des soins, en particulier lors du passage d'un niveau de soins à un autre (par exemple, de l'hôpital aux soins primaires), peut entraîner des lacunes dans les soins, un manque de suivi adéquat et un risque accru de réadmissions.

Les patients peuvent ne pas respecter le plan de traitement, oublier leurs rendez-vous de suivi ou ne pas savoir comment gérer leur état de santé à la maison.

Les patients ont souvent des difficultés à accéder à leur propre dossier médical, ce qui rend difficile le suivi de leur propre traitement et la prise de décisions éclairées.

Il est donc indéniable que le parcours du patient dans le domaine de la santé numérique a transformé l'expérience des soins de santé. Les technologies numériques peuvent intégrer toutes les étapes de ce parcours, améliorant considérablement les résultats en promouvant des soins davantage centrés sur le patient.

L'autonomisation des patients est essentielle à une véritable transformation des soins de santé. Lorsque les patients disposent d'informations sur leur santé, notamment de données de surveillance continue, ils s'impliquent davantage dans leurs propres soins, prennent des décisions éclairées et adoptent des comportements sains.

En plus d'améliorer les résultats de santé individuels, cela favorise également une approche plus collaborative entre les patients et les professionnels de la santé, ce qui se traduit par de meilleurs résultats globaux pour le système de santé.

Technologies Numérique de Santé

Les technologies numériques de santé jouent un rôle essentiel à chaque étape du parcours du patient, offrant un accès rapide aux informations de santé, facilitant la communication entre les professionnels de santé, permettant des consultations virtuelles et une surveillance à distance, et permettant aux patients de gérer leur propre santé de manière plus active et collaborative...

La santé numérique et le parcours du patient sont intrinsèquement liés, et la technologie joue un rôle clé à chaque étape du processus de soins de santé.

Par exemple, les applications mobiles et les plateformes en ligne offrent un accès rapide aux ressources de santé et permettent aux patients de gérer leur état de manière autonome, leur permettant ainsi de prendre des décisions éclairées concernant leur santé.

Les dossiers de santé électroniques (DSE) et les systèmes de télémédecine facilitent la communication entre les patients et les professionnels de santé, réduisant ainsi les barrières géographiques et améliorant l'accès aux soins.

En intégrant la santé numérique dans le parcours du patient, il est possible de promouvoir une approche plus centrée sur le patient, personnalisée et efficace, visant à répondre aux besoins individuels et à améliorer les résultats cliniques.

Les technologies de santé numérique jouent un rôle crucial à chaque étape du parcours du patient, offrant une expérience plus intégrée et centrée sur le patient.

De la recherche d'informations de santé au suivi post-traitement, ces solutions numériques offrent des avantages significatifs.

Pendant le traitement, les systèmes de dossiers de santé électroniques (DSE) facilitent la documentation et le partage d'informations entre les professionnels de la santé, garantissant ainsi une communication plus efficace et coordonnée.

La télémédecine permet des consultations virtuelles et une surveillance à distance, éliminant les barrières géographiques et offrant un plus grand confort aux patients.

Tout au long du parcours, les technologies numériques de santé permettent aux patients d'être plus actifs dans la gestion de leur propre santé, favorisant ainsi une approche plus collaborative et personnalisée des soins de santé.

Télémédecine

La télémédecine, selon les auteurs Bashshur, Shannon et Krupinski (2019), est définie comme « la pratique de la médecine à distance, utilisant les technologies de communication pour fournir des services de santé, où la distance constitue un obstacle à l'assistance médicale ».

Bachchour et coll. (2016) conceptualisent la télémédecine pour élargir l'accès aux services de santé, en particulier dans les zones reculées et mal desservies, où la disponibilité des professionnels et des ressources médicales est limitée.

Cela permet aux patients qui étaient auparavant confrontés à des obstacles géographiques ou de mobilité d'accéder à des soins spécialisés.

Selon Whitten et coll. (2007), la télémédecine peut générer d'importantes économies pour les systèmes de santé en réduisant les frais de transport vers les rendez-vous médicaux, les admissions inutiles à l'hôpital et les visites répétées aux urgences.

La télémédecine peut être réalisée en temps réel (synchrone) ou asynchrone, où les informations sont envoyées et analysées ultérieurement.

Ce n'est pas un nouveau concept. Ses racines remontent à plus d'un demi-siècle. La première utilisation documentée de la télémédecine remonte aux années 1960, lorsque la NASA a commencé à surveiller la santé des astronautes en orbite grâce à des systèmes de télémétrie.

Dans le même temps, l'Institut national américain de la santé mentale a utilisé la vidéoconférence pour prodiguer des soins psychiatriques à des patients situés dans des zones reculées.

La prolifération des ordinateurs personnels, l'avènement de l'Internet haut débit, la popularisation des smartphones et autres appareils mobiles ont propulsé la télémédecine vers de nouveaux sommets.

Aujourd'hui, la télémédecine fait désormais partie intégrante des systèmes de santé modernes pour plusieurs raisons, notamment la réduction des coûts associés aux visites en personne pour les patients et les prestataires de soins de santé.

Les plateformes de téléconsultation sont des systèmes en ligne qui facilitent la communication entre les professionnels de santé et les patients, pour des raisons de sécurité telles que le cryptage des données, l'authentification des utilisateurs et le respect des lois sur la protection des données.

En fait, la télémédecine révolutionne la manière dont les soins de santé sont dispensés, les rendant plus accessibles, efficaces et personnalisés.

Dispositifs médicaux et Internet des objets (IoT)

Pour Rajkumar Buyya (2018), professeur d'informatique à l'Université de Melbourne, « l'Internet des objets (IoT) est une architecture de systèmes distribués qui permet la surveillance et le contrôle à distance d'objets physiques, en obtenant un feedback en temps réel. et permettre une prise de décision autonome.

Atzori et coll. (2010) la définissent comme « une infrastructure mondiale pour la société de l'information, qui permet des services interactifs avancés grâce à l'interconnexion d'objets physiques et virtuels basés sur les technologies de l'information et de la communication ».

Ces définitions mettent en évidence la capacité des appareils IoT à interagir les uns avec les autres et avec l'environnement, créant ainsi un système interconnecté qui permet l'automatisation et l'analyse des données en temps réel.

Quant à Gubbi et al. (2013), les appareils IoT ont le potentiel d'offrir de nombreux avantages, notamment l'automatisation des tâches, la surveillance à distance, la collecte de données en temps réel et la prise de décision intelligente. Ces avantages peuvent s'appliquer à divers secteurs, tels que la santé, l'agriculture, les transports et l'industrie manufacturière, entre autres.

Le rapport du McKinsey Global Institute (2015) souligne que l'IoT peut générer un impact économique significatif, estimé à des milliards de dollars d'ici 2025, grâce à une plus grande efficacité opérationnelle, à la création de nouveaux modèles économiques et à l'amélioration de la qualité de vie.

L'utilisation d'appareils IoT peut réduire les coûts médicaux et améliorer l'efficacité opérationnelle des systèmes de santé en fournissant des données en temps réel aux professionnels de la santé, facilitant ainsi des interventions plus rapides et plus précises.

Il peut mesurer des signes vitaux tels que la fréquence cardiaque, les niveaux d'activité, le sommeil et la saturation en oxygène. Des capteurs à distance peuvent être utilisés à la maison pour surveiller la tension artérielle, la glycémie et le poids.

De plus, ces appareils favorisent la personnalisation du traitement, car les données collectées contribuent à créer des plans de soins adaptés aux besoins individuels de chaque patient, ce qui entraîne de meilleurs résultats de santé et une plus grande satisfaction des patients.

Les dispositifs médicaux connectés revêtent une importance stratégique en tant que technologie habilitante pour la transformation numérique dans divers secteurs de l'économie.

Dossiers de Santé Électroniques (DSE)

Les dossiers de santé électroniques (DSE) sont des dossiers médicaux de patients au format numérique qui peuvent être partagés entre les prestataires de soins de santé, les hôpitaux et les patients.

La mise en œuvre et l'utilisation des DSE ont transformé la façon dont les données de santé sont gérées et utilisées, offrant de nombreux avantages aux professionnels de la santé et aux patients.

Blumenthal (2011) cite que « les DSE sont des outils essentiels pour améliorer la qualité, la sécurité et l'efficacité des soins de santé ». La mise en œuvre de ces systèmes permet de consolider les informations de santé en un seul endroit accessible, facilitant l'échange d'informations entre les différents professionnels et institutions de santé.

Une fois mis en œuvre, il y a une amélioration de la coordination des soins, une réduction de la redondance des tests et des procédures et une amélioration de la précision des diagnostics et des traitements.

Les DSE peuvent intégrer des alertes et des rappels pour aider les prestataires de soins de santé à respecter les directives cliniques et à mieux gérer les maladies chroniques des patients.

La mise en œuvre des dossiers de santé électroniques (DSE) a un impact significatif sur la coordination des soins et la qualité des soins prodigués aux patients.

Tant qu'ils sont interopérables, les DSE peuvent échanger des informations entre différents professionnels et institutions de santé, permettant une vue complète et intégrée de l'histoire médicale du patient. Cela garantit que toutes les personnes impliquées dans les soins d'un patient ont accès aux informations les plus récentes et les plus pertinentes, favorisant ainsi une meilleure coordination des soins.

Selon Bates et coll. (2003), « Les DSE améliorent la qualité des soins en facilitant la communication entre les prestataires de soins de santé et en fournissant un accès plus facile et plus rapide aux informations cliniques. »

La possibilité d'accéder rapidement aux données des patients permet aux professionnels de la santé de prendre des décisions éclairées et opportunes, réduisant ainsi l'incidence des erreurs médicales.

Applications de Santé

Les applications de santé et de remise en forme sont des outils numériques conçus pour aider les gens à gérer leur santé et leur bien-être. Ces applications offrent un large éventail de fonctionnalités, allant du suivi de la condition physique au suivi de l'alimentation, en passant par les rappels de médicaments et le suivi des données de santé.

Selon Patel et coll. (2015), les applications de santé et de remise en forme sont définies comme « des applications mobiles qui visent à améliorer la santé et le bien-être de leurs utilisateurs grâce à diverses fonctionnalités, telles que le suivi de l'activité physique, le suivi de l'alimentation, « la surveillance des habitudes de sommeil et la fourniture d'informations sur la santé ».

L'outil a le potentiel d'offrir de nombreux avantages aux utilisateurs. Premièrement, ils sensibilisent davantage aux habitudes de santé et encouragent des changements de comportement positifs.

En fournissant un retour instantané sur les progrès réalisés vers la réalisation des objectifs de santé, ces applications peuvent motiver les utilisateurs à adopter des modes de vie plus sains et plus actifs.

Par conséquent, les applications de santé facilitent le suivi et la gestion de la santé personnelle. Les utilisateurs peuvent suivre des mesures telles que la fréquence cardiaque, les calories brûlées, les habitudes de sommeil et la consommation alimentaire, obtenant ainsi des informations précieuses sur leur santé et leur comportement.

Étant donné que les données peuvent être partagées avec les professionnels de la santé pour une évaluation et des conseils personnalisés, elles facilitent une approche plus proactive et préventive des soins de santé.

Avec la disponibilité croissante des appareils mobiles et de la connectivité, ces applications sont devenues un outil puissant permettant aux individus de jouer un rôle plus actif dans leur propre santé et leur bien-être.

Ainsi, les applications de santé représentent une facette importante de la révolution numérique dans le domaine de la santé, offrant des ressources et un soutien pour promouvoir des modes de vie sains et améliorer la qualité de vie.

Wearables et Appareils Intelligents

Les wearables et les appareils intelligents font référence à des équipements technologiques qui peuvent être portés sur le corps et qui ont la capacité de surveiller, d'enregistrer et de transmettre des données liées à la santé et au bien-être de l'utilisateur.

Ces appareils comprennent des montres intelligentes, des bracelets de fitness, des moniteurs de fréquence cardiaque et même des vêtements intelligents capables de mesurer diverses mesures de santé.

Pour Patel et Wang (2020), « les wearables sont des appareils électroniques que les consommateurs peuvent porter et qui leur permettent de collecter des données sur leurs activités physiques et leurs paramètres de santé, souvent en temps réel ».

Ces appareils sont équipés de capteurs qui collectent des données physiologiques, telles que la fréquence cardiaque, les niveaux d'activité, la qualité du sommeil, entre autres.

Les appareils portables et intelligents apportent de nombreux avantages à la fois aux utilisateurs individuels et au système de santé dans son ensemble. Premièrement, ils permettent une surveillance continue de la santé, fournissant des données en temps réel qui peuvent être utilisées pour détecter précocement toute anomalie ou problème de santé.

Selon Jackson et Boren (2019), « les appareils portables offrent une opportunité sans précédent de surveillance continue de la santé, permettant des interventions rapides et personnalisées ».

Plus que tout, ces appareils encouragent un mode de vie plus sain en fournissant des informations constantes et motivantes sur l'activité physique et les habitudes de santé de l'utilisateur.

Un autre avantage important est la capacité de ces appareils à s'intégrer aux plateformes numériques de santé, permettant ainsi de partager les données collectées avec les professionnels de santé. Vous pourrez améliorer la prise en charge des maladies chroniques et personnaliser les traitements basés sur des données précises et détaillées.

L'analyse de ces données peut permettre de mieux comprendre la santé des patients et l'efficacité des traitements, favorisant ainsi une médecine plus personnalisée et préventive.

La surveillance continue de la santé, rendue possible par les technologies numériques, offre une vue en temps réel de l'état de santé d'un individu, permettant des interventions précoces et personnalisées.

Cette pratique nous permet de détecter des schémas, des tendances et des anomalies qui peuvent ne pas être évidentes lors de consultations médicales spécifiques, facilitant ainsi la prévention, le diagnostic précoce et la gestion des problèmes de santé.

Par conséquent, une surveillance continue peut favoriser une plus grande prise de conscience du mode de vie et des habitudes qui ont un impact sur la santé, permettant ainsi aux personnes de prendre des mesures proactives pour améliorer leur bien-être général.

Formation, Éducation et Culture Organisationnelle

La transition vers la santé numérique nécessite de mettre l'accent sur la formation et l'éducation afin de garantir que les professionnels de la santé soient prêts à utiliser efficacement les nouvelles technologies et les nouveaux systèmes.

Dans l'ensemble, la création d'une culture organisationnelle qui soutient l'innovation et l'adaptation est essentielle au succès de la transformation numérique des soins de santé.

La formation en santé numérique consiste à former les professionnels de la santé à l'utilisation de technologies telles que les DSE, les systèmes de télémédecine et d'autres outils numériques.

Du point de vue de Gagnon et al. (2012), « la formation continue et le perfectionnement professionnel sont essentiels pour que les professionnels de la santé acquièrent les compétences nécessaires pour utiliser efficacement les technologies de l'information sur la santé ».

Cette formation améliore non seulement les compétences techniques des professionnels, mais augmente également leur confiance et leur acceptation des nouvelles technologies.

La création d'une culture organisationnelle qui encourage l'innovation est essentielle à la mise en œuvre réussie de la santé numérique. Westphal et coll. (2010) soulignent qu'« une culture organisationnelle qui valorise l'apprentissage continu et l'innovation facilite l'adoption de nouvelles technologies et pratiques ».

Dans tous les cas, il promeut un état d'esprit ouvert au changement, encourageant la collaboration interministérielle et soutenant le leadership en matière de santé numérique.

L'impact combiné d'une formation appropriée et d'une culture organisationnelle favorable peut conduire à des améliorations significatives de l'efficacité opérationnelle, de la qualité des soins et de la satisfaction des patients.

Des professionnels bien formés et une organisation adaptable sont mieux équipés pour relever les défis et saisir les opportunités présentées par la numérisation des soins de santé.

Éduquer les patients à l'utilisation des technologies de la santé est essentiel pour maximiser les bénéfices de ces outils et promouvoir une plus grande autonomie et implication dans la gestion de leur propre santé.

À mesure que le secteur de la santé se numérise, les patients sont de plus en plus encouragés à utiliser des technologies telles que les portails patients, les applications mobiles de santé et les appareils de surveillance à distance.

Gee et coll. (2015) soulignent que « l'éducation des patients sur l'utilisation des technologies de la santé peut accroître considérablement leur engagement et améliorer les résultats en matière de santé ».

Le manque de connaissances ou de confiance dans l'utilisation de ces technologies peut constituer un obstacle important à leur adoption.

Par conséquent, il est essentiel de fournir des instructions claires, une formation et un soutien continu pour garantir que les patients se sentent à l'aise et capables d'utiliser ces outils efficacement.

Les méthodes d'éducation des patients peuvent inclure des didacticiels en ligne, des ateliers en personne, des documents imprimés et une assistance technique. Il est important d'adapter le matériel pédagogique aux besoins et aux capacités des patients, en tenant compte de facteurs tels que l'âge, les connaissances en matière de santé et la familiarité avec la technologie.

Par exemple, des didacticiels vidéo et des guides étape par étape peuvent être particulièrement utiles pour les patients qui débutent dans l'utilisation des technologies numériques.

Éduquer efficacement les patients sur l'utilisation des technologies peut entraîner de nombreux avantages, notamment une meilleure prise en charge des maladies chroniques, une meilleure observance du traitement et une communication plus efficace avec les professionnels de santé.

Les patients bien informés et responsabilisés sont plus susceptibles d'utiliser ces technologies de manière continue et efficace, ce qui peut entraîner une meilleure santé globale et une réduction des coûts de santé à long terme.

Du point de vue d'O'Donoghue et al. (2019), « les politiques de santé numérique devraient être élaborées en tenant compte des besoins des patients, de l'intégration avec les systèmes de santé existants et des meilleures pratiques en termes de sécurité et de confidentialité des données ».

À ce titre, les décideurs politiques et les régulateurs doivent travailler en étroite collaboration avec les professionnels de la santé, les entreprises technologiques et les patients pour élaborer des lignes directrices claires et complètes afin de garantir une utilisation éthique et efficace des technologies numériques dans le domaine des soins de santé. .

De plus, la réglementation numérique de la santé joue également un rôle important dans la promotion de l'interopérabilité entre les systèmes d'information sur la santé, permettant l'échange sécurisé et efficace de données entre les différents prestataires et systèmes de santé.

La Santé Dans Différents Contextes

Dans le contexte clinique, la santé numérique permet l'utilisation de systèmes de dossiers de santé électroniques (DSE), de télémédecine et d'outils de surveillance à distance pour faciliter un diagnostic précoce, un traitement personnalisé et une surveillance continue des patients.

Ces technologies permettent aux professionnels de la santé de fournir des soins plus efficaces et plus accessibles, notamment dans les zones éloignées ou à faibles ressources.

En milieu hospitalier, la santé numérique se manifeste à travers des systèmes de gestion hospitalière intégrés, des dispositifs médicaux connectés et des chirurgies assistées par robot.

Ces solutions visent à améliorer l'efficacité opérationnelle, à réduire les erreurs médicales et à garantir une expérience plus sûre et plus confortable aux patients pendant leur séjour à l'hôpital.

Au niveau de la population, la santé numérique est utilisée dans les programmes de surveillance épidémiologique, la surveillance des maladies, les campagnes de santé publique et la promotion de modes de vie sains.

Les technologies de l'information et de la communication permettent la collecte, l'analyse et la diffusion de données sur la santé en temps réel, facilitant ainsi la prise de décision fondée sur des données probantes et la mise en œuvre d'interventions efficaces.

La santé numérique joue un rôle fondamental dans l'éducation et la formation des professionnels de santé, la recherche clinique et le développement de nouvelles thérapies et traitements.

L'utilisation des simulations virtuelles, de la réalité augmentée et de l'intelligence artificielle transforme la manière dont les professionnels de santé sont formés et la manière dont la recherche médicale est menée, accélérant ainsi l'innovation et les progrès de la médecine.

En résumé, la santé numérique englobe un large éventail d'applications et de contextes, tous ayant pour objectif commun d'améliorer la santé et le bien-être des personnes grâce à l'innovation technologique et à l'intégration de données et d'informations sur la santé.

En milieu urbain, la santé numérique joue un rôle clé pour relever les défis spécifiques associés à la densité de population et à la complexité des systèmes de santé.

L'une des principales applications est la télémédecine, qui permet d'accéder à des services de santé à distance, réduisant ainsi le besoin de se déplacer physiquement pour se rendre à des rendez-vous médicaux. En fait, cela est particulièrement important dans les zones urbaines, où la circulation et la distance peuvent constituer des obstacles importants à l'accès aux soins de santé.

Une autre application importante de la santé numérique dans les environnements urbains est l'analyse de données de santé à grande échelle afin d'identifier les tendances et modèles de santé publique.

Ces analyses peuvent aider les autorités sanitaires à prioriser les ressources et les interventions, à prévoir les épidémies et à mettre en œuvre des stratégies de prévention plus efficaces.

En milieu rural, la santé numérique joue un rôle crucial pour surmonter les obstacles géographiques et d'accès aux soins de santé. Une application clé est la télémédecine, qui connecte les patients des zones reculées avec des experts en soins de santé dans les centres urbains grâce à des technologies de communication virtuelle.

Par conséquent, cela réduit considérablement le besoin de déplacements longs et coûteux pour se rendre à des rendez-vous médicaux, rendant les services de santé plus accessibles et plus pratiques pour les communautés rurales.

Outre la télémédecine, les unités de santé mobiles constituent une autre application importante de la santé numérique en milieu rural.

Ces véhicules sont équipés de technologies médicales avancées, telles que des appareils de diagnostic portables et des connexions Internet mobiles, permettant aux professionnels de la santé d'effectuer des examens, des diagnostics et des consultations directement dans les communautés rurales.

Il est considéré comme particulièrement bénéfique dans les zones où les infrastructures de santé sont rares ou inexistantes, offrant ainsi un accès à des soins de qualité là où il n'en existait pas auparavant.

De plus, les programmes d'éducation et de formation en santé numérique sont essentiels pour former les professionnels de la santé des zones rurales à utiliser efficacement les technologies numériques. Par exemple, une formation sur l'utilisation des applications de santé, des appareils de surveillance à distance et des plateformes de télémédecine.

En fournissant ces compétences, les professionnels de la santé en milieu rural peuvent fournir des soins plus complets et plus efficaces à leurs communautés, améliorant ainsi les résultats en matière de santé et réduisant les disparités dans l'accès aux soins de santé.

Dans les pays développés, la santé numérique se caractérise par l'utilisation intensive de technologies avancées pour améliorer les soins de santé. L'utilisation de l'intelligence artificielle pour le diagnostic et le traitement est envisagée, en tirant parti d'algorithmes avancés pour interpréter les images médicales et analyser de vastes ensembles de données cliniques.

Dans les pays en développement, la santé numérique se concentre sur des solutions peu coûteuses et hautement efficaces pour surmonter les défis liés aux infrastructures et aux ressources limitées.

Couvre la mise en œuvre d'applications mobiles de gestion des maladies qui fournissent des conseils et un soutien aux patients, ainsi que facilitent l'accès aux informations sur la santé et aux services médicaux.

Les programmes de messagerie SMS sont un autre outil courant pour diffuser des informations sur la santé et des rappels de médicaments dans les communautés ayant un accès limité à Internet.

De plus, la télémédecine est largement utilisée dans les zones reculées sans accès à des spécialistes, connectant les patients avec des professionnels de santé via des consultations virtuelles, contribuant ainsi à améliorer l'accès et la qualité des soins de santé dans les régions mal desservies.

Histoires de Réussite Et Études De Cas

Les réussites et les études de cas en matière de santé numérique mettent en lumière des exemples concrets de la manière dont les technologies sont appliquées avec succès pour améliorer la prestation des soins de santé et les résultats pour les patients.

Un exemple notable est l'étude de cas « Réduire les réadmissions à l'hôpital grâce à la télémédecine » de Smith et al. (2019), qui ont démontré comment la mise en œuvre de programmes de télémédecine pour la surveillance à distance des patients après leur sortie réduisait considérablement les taux de réadmission à l'hôpital et améliorait la continuité des soins.

Une autre étude de cas pertinente est l'« Utilisation de l'intelligence artificielle pour le dépistage du cancer de la peau » menée par Johnson et al. (2020), qui ont montré comment les algorithmes d'intelligence artificielle peuvent être entraînés pour identifier avec une grande précision les lésions suspectes de cancer de la peau, permettant une détection plus efficace et plus rapide et facilitant l'accès à des diagnostics précoces et à des traitements rapides.

De plus, l'histoire à succès de « Mise en œuvre de dossiers médicaux électroniques dans une clinique de soins primaires » décrite par García et al. (2018), ont souligné les avantages de la transition des dossiers papier vers les dossiers électroniques, notamment une plus grande précision de la documentation, une coordination des soins et un accès plus rapide aux informations cliniques pertinentes.

Ces études de cas illustrent le potentiel transformateur de la santé numérique et fournissent des informations précieuses sur les meilleures pratiques, les défis et les opportunités associés à la mise en œuvre des technologies de l'information et des communications dans différents contextes de soins de santé.

Tendances émergentes et innovations dans le secteur de la santé

Les tendances et innovations émergentes dans le domaine des soins de santé façonnent rapidement le paysage industriel, entraînant des progrès significatifs dans la prestation des soins de santé et favorisant le bien-être des patients.

Avec les progrès de la technologie et la convergence de multiples disciplines, nous assistons à une ère de transformation sans précédent dans la manière dont la santé est comprise, traitée et gérée.

De l'intelligence artificielle et des solutions Big Data à la révolution des wearables et à la télémédecine, ces innovations redéfinissent les limites de ce qui est possible dans le domaine des soins de santé.

Dans ce contexte dynamique et passionnant, il est essentiel d'explorer les dernières tendances et découvertes pour comprendre comment elles façonnent l'avenir de la médecine et de se préparer aux défis et aux opportunités qui se présentent dans cet environnement en constante évolution.

L'intelligence Artificielle en Médecine

L'intelligence artificielle (IA) est un domaine informatique axé sur le développement de systèmes capables d'effectuer des tâches qui nécessitent normalement l'intelligence humaine.

John McCarthy, l'un des pionniers de l'IA, définit « l'intelligence artificielle comme la science et l'ingénierie permettant de produire des machines intelligentes ». Ces machines sont capables d'apprendre à partir de données, de résoudre des problèmes, de reconnaître des modèles et de prendre des décisions basées sur des algorithmes. En d'autres termes, l'IA permet aux ordinateurs d'agir intelligemment, en imitant certaines capacités humaines.

L'IA implique l'utilisation d'algorithmes et de systèmes informatiques pour effectuer des tâches qui nécessitent généralement l'intelligence humaine, telles que l'apprentissage, le raisonnement, la reconnaissance de formes et la prise de décision. En médecine, l'IA devient un outil crucial pour améliorer la précision des diagnostics, personnaliser les traitements et accroître l'efficacité des systèmes de santé.

L'application de l'intelligence artificielle à l'imagerie diagnostique a révolutionné la médecine en permettant une analyse plus précise et plus efficace des examens radiologiques.

Par exemple, les algorithmes d'apprentissage profond sont entraînés sur de grands ensembles de données pour reconnaître des modèles subtils susceptibles d'indiquer la présence de maladies.

Ces systèmes peuvent identifier les anomalies dans les images radiographiques, les IRM et les tomodensitogrammes avec une précision comparable, voire supérieure, à celle des radiologues humains.

Cette capacité à identifier rapidement et précisément des conditions médicales a un impact significatif sur la pratique clinique, permettant des diagnostics plus précoces et des traitements plus efficaces.

Dans les cas de cancer, par exemple, une détection précoce peut augmenter les chances de succès du traitement et améliorer les résultats pour les patients. L'IA peut donc aider les radiologues à prioriser les examens, en identifiant les cas urgents nécessitant une attention immédiate.

Cependant, malgré ses avantages, la mise en œuvre de l'IA dans l'imagerie diagnostique présente également des défis. Il est nécessaire de garantir la qualité des données utilisées pour entraîner les algorithmes, ainsi que de valider en permanence les performances des systèmes dans des conditions réelles.

Il est important d'intégrer ces outils d'IA de manière transparente dans le flux de travail clinique, afin de garantir que les radiologues puissent tirer pleinement parti de leur potentiel dans leur pratique quotidienne.

Les hôpitaux du monde entier adoptent des systèmes d'intelligence artificielle pour améliorer l'imagerie diagnostique et accroître l'efficacité des services de radiologie. Par exemple, l'hôpital Mount Sinai de New York a mis en œuvre un système d'intelligence artificielle pour aider les radiologues à détecter les anomalies dans les images de mammographie, à accroître la précision et à accélérer le processus de triage des patients.

De même, l'hôpital St. Joseph de Londres utilise des algorithmes d'intelligence artificielle pour analyser les tomodensitogrammes et identifier les signes d'affections telles que l'embolie pulmonaire, accélérant ainsi le diagnostic et le traitement des patients gravement malades.

Un autre exemple notable est celui de l'hôpital universitaire de Heidelberg en Allemagne, qui a mis en œuvre un système d'intelligence artificielle pour analyser les images d'IRM cérébrale et faciliter le diagnostic de maladies neurodégénératives telles que la maladie d'Alzheimer et la maladie de Parkinson.

Ce système permet une détection précoce de ces affections, permettant ainsi des interventions thérapeutiques plus efficaces et améliorant la qualité de vie des patients.

Aux États-Unis, l'hôpital de Boston a adopté l'IA pour optimiser la planification des examens d'imagerie, en utilisant des algorithmes prédictifs pour estimer le temps d'attente et la disponibilité des équipements, garantissant ainsi une répartition plus efficace des ressources et réduisant le temps d'attente des patients.

Siemens Healthineers, l'un des leaders mondiaux de la technologie médicale, a développé plusieurs solutions d'intelligence artificielle destinées aux hôpitaux. Un exemple est le logiciel AI-Rad Companion Chest CT, qui utilise des algorithmes d'intelligence artificielle pour analyser les tomodensitogrammes thoraciques.

Il peut identifier automatiquement les structures anatomiques et les types de maladies, aidant ainsi les radiologues à interpréter les images de manière plus efficace et plus précise. Cette solution Siemens améliore la productivité des professionnels de santé et accélère le processus de diagnostic des patients.

GE Healthcare est connu pour ses solutions innovantes d'intelligence artificielle en médecine. Un exemple est ViosWorks, un logiciel d'IRM cardiaque qui utilise l'intelligence artificielle pour produire des images détaillées et des reconstructions 3D du cœur en un seul examen, économisant ainsi du temps et des ressources.

Un autre exemple est Critical Care Suite, une application d'intelligence artificielle qui facilite la détection précoce d'affections critiques sur les radiographies pulmonaires, telles que le pneumothorax, rationalisant ainsi le processus de diagnostic et améliorant les résultats pour les patients.

Ces solutions GE démontrent comment l'IA transforme la médecine en fournissant des diagnostics plus rapides et plus précis.

Philips est également à l'avant-garde de l'intégration de l'IA dans la médecine. IntelliSpace Discovery est une plateforme d'analyse de données qui utilise l'IA pour aider les chercheurs à identifier des modèles et des informations dans de vastes ensembles de données cliniques et d'imagerie.

Ses solutions telles que IntelliSpace AI Workflow Suite, qui utilise l'IA pour automatiser les tâches administratives et améliorer l'efficacité opérationnelle dans les hôpitaux.

Les assistants virtuels et les chatbots sont devenus des outils de plus en plus courants dans le secteur de la santé et offrent de nombreux avantages tant pour les professionnels de santé que pour les patients.

Basés sur l'IA, ils peuvent être utilisés pour planifier des rendez-vous, détecter des symptômes, fournir des informations sur les médicaments et l'état de santé, ainsi qu'apporter un soutien émotionnel et éducatif aux patients.

Les assistants virtuels et les chatbots peuvent contribuer à réduire la charge de travail des professionnels de santé en dirigeant des requêtes simples vers des systèmes automatisés, permettant ainsi aux médecins de se concentrer sur des cas plus complexes et de fournir des soins de haute qualité.

Un exemple notable d'assistant virtuel dans le domaine de la santé est « Ask Mayo Clinic », développé par Mayo Clinic. Cet assistant virtuel répond aux questions sur les symptômes, les maladies, les traitements et les médicaments, offrant des informations fiables basées sur des preuves cliniques.

Un autre exemple est « Babylon Health », un chatbot qui permet aux utilisateurs d'interroger des symptômes, de recevoir des conseils de santé personnalisés et même de planifier des rendez-vous médicaux à distance, rendant ainsi les soins de santé plus accessibles et plus pratiques.

La médecine personnalisée est révolutionnée par l'intelligence artificielle (IA), qui a la capacité d'analyser de vastes ensembles de données génomiques et cliniques pour identifier des modèles et prédire quels traitements seront les plus efficaces pour des individus spécifiques.

En analysant ces données, l'IA peut offrir des informations précieuses sur la réponse d'un patient à certains médicaments, permettant ainsi une approche plus précise et personnalisée du traitement de la maladie.

La capacité de personnalisation augmente non seulement les chances de succès des traitements, mais réduit également les effets secondaires, offrant ainsi une expérience de soins plus sûre et plus efficace aux patients.

Un exemple concret de cette application de l'IA en médecine personnalisée est l'analyse de données génomiques pour identifier des mutations spécifiques liées à certaines pathologies.

Sur la base de ces informations, les médecins peuvent sélectionner les thérapies ciblées les plus efficaces pour le profil génétique de chaque patient, maximisant ainsi les résultats positifs du traitement.

L'IA peut également aider à identifier des biomarqueurs indiquant la progression de la maladie ou la réponse au traitement, permettant ainsi des ajustements plus précis et plus rapides du plan thérapeutique.

Cette combinaison de données génomiques et d'analyses prédictives redéfinit les normes de soins de santé, faisant de la médecine personnalisée une réalité de plus en plus accessible et efficace.

L'hôpital Mount Sinai de New York utilise l'IA pour analyser les données génomiques des patients et développer des thérapies personnalisées pour des maladies telles que le cancer et les maladies cardiovasculaires. En utilisant les informations génétiques de chaque patient, les médecins peuvent prescrire des traitements plus spécifiques, augmentant ainsi les taux de réussite et minimisant les effets secondaires.

Des entreprises comme Tempus et Foundation Medicine sont des exemples d'organisations opérant dans le segment de la médecine personnalisée à l'aide de l'intelligence artificielle. Tempus, fondée par Eric Lefkofsky, utilise l'analyse de données cliniques et génomiques pour développer des thérapies anticancéreuses personnalisées, aidant ainsi les médecins à prendre des décisions thérapeutiques plus éclairées.

De plus, Foundation Medicine, acquise par Roche, est spécialisée dans le séquençage génomique des tumeurs et fournit des informations détaillées sur les caractéristiques génétiques des cancers, guidant ainsi les médecins dans le choix des thérapies les plus efficaces pour les patients.

La prévision des maladies et la gestion des épidémies ont considérablement bénéficié de l'utilisation de modèles d'intelligence artificielle (IA).

Les modèles sont capables d'analyser un large éventail de données, notamment les dossiers de santé, les habitudes de voyage, les informations démographiques et les données météorologiques, afin d'identifier d'éventuelles épidémies.

Par exemple, les algorithmes d'IA peuvent rapidement suivre et analyser les données sur les symptômes signalées sur les réseaux sociaux et les plateformes de santé pour identifier les zones géographiques où les cas d'une maladie donnée augmentent, permettant ainsi une réponse plus agile des autorités. autorités de santé publique.

Les modèles d'IA peuvent prédire la propagation des maladies en fonction des modes de transmission et des caractéristiques de la population.

En analysant ces données en temps réel, les systèmes d'IA peuvent fournir des estimations sur la propagation des maladies et la probabilité d'épidémies dans différentes régions.

En ce sens, les autorités de santé publique peuvent mettre en œuvre des mesures préventives, telles que des campagnes de vaccination ciblées et des restrictions de voyage, pour contenir la propagation des maladies et réduire l'impact des épidémies et des pandémies.

En résumé, les modèles d'IA jouent un rôle crucial dans la prévision des maladies et la gestion des épidémies, fournissant des informations précieuses pour la prise de décision en matière de santé publique et contribuant à protéger la santé de la population.

On peut citer BlueDot comme cas d'utilisation de l'intelligence artificielle dans la prévision des maladies et la gestion des épidémies. Son système de surveillance épidémiologique développé utilise des algorithmes d'intelligence artificielle pour analyser des données provenant de sources multiples, telles que des rapports de santé publique, des données de vol, des médias sociaux et des actualités en ligne, afin de détecter des tendances et d'identifier des épidémies potentielles dans le monde.

En janvier 2020, le système BlueDot a été l'un des premiers à alerter sur la propagation du nouveau coronavirus, identifiant les zones à risque de propagation avant même que les autorités sanitaires n'officialisent leurs alertes.

Dans le domaine de la robotique chirurgicale, l'intelligence artificielle révolutionne la manière dont les interventions chirurgicales sont réalisées avec une plus grande précision millimétrique et de meilleurs résultats pour les patients.

Des entreprises leaders sur ce segment, comme Intuitive Surgical avec son système da Vinci, sont à la pointe de cette innovation.

Le système da Vinci combine précision robotique et guidage du chirurgien, permettant des procédures moins invasives dans des domaines tels que la chirurgie cardiaque, urologique, gynécologique et gastro-intestinale.

La capacité du système à effectuer des mouvements délicats et complexes avec une plus grande précision a conduit à des temps de récupération plus courts et à moins de complications postopératoires, améliorant ainsi considérablement l'expérience du patient.

Quant à Intuitive Surgical, d'autres sociétés investissent également dans les technologies de robotique chirurgicale assistée par l'IA.

Medtronic, par exemple, a développé le système Hugo, qui combine une intelligence artificielle avancée avec une robotique de pointe pour offrir aux chirurgiens une précision et un contrôle exceptionnels.

Ce système est conçu pour un large éventail d'interventions chirurgicales, depuis les chirurgies abdominales et thoraciques jusqu'aux interventions dans des domaines tels que l'orthopédie et la neurologie.

Big Data

Le Big Data dans le domaine de la santé redéfinit la manière dont les données sont explorées et appliquées dans le domaine médical, ouvrant ainsi de nouvelles perspectives pour la prestation des soins de santé.

Comme le soulignent Meyer et al. (2018), la capacité du Big Data à gérer des volumes massifs d'informations provenant de sources multiples est essentielle pour extraire des informations précieuses susceptibles d'améliorer considérablement les services de santé.

Il s'agit d'une technologie émergente qui transforme profondément la manière dont les données sont utilisées dans le domaine médical.

Lors du traitement d'énormes volumes d'informations provenant de sources diverses, telles que les dossiers des patients, les données génomiques, les résultats de tests et les dispositifs médicaux connectés, le Big Data offre la possibilité d'extraire des informations précieuses qui peuvent améliorer considérablement la prestation des soins de santé.

Cette révolution technologique a le potentiel de générer des progrès significatifs dans des domaines tels que le diagnostic précoce, le traitement personnalisé et la prévention des maladies.

L'une des caractéristiques distinctives du Big Data dans le domaine de la santé, comme le soulignent Housman et Dredze (2015), est sa capacité à traiter les données de manière rapide et efficace.

Grâce à des algorithmes avancés et une puissance de calcul évolutive, l'analyse de grands ensembles de données peut être effectuée en temps réel, permettant la détection de modèles et de tendances pertinents pour la prise de décision clinique.

L'une des principales caractéristiques du Big Data dans le domaine de la santé est sa capacité à traiter les données de manière rapide et efficace. Grâce à des algorithmes avancés et à une puissance de calcul évolutive, l'analyse de grands ensembles de données peut être effectuée en temps réel, permettant ainsi la détection de modèles et de tendances pertinents pour les soins aux patients.

Ceci est particulièrement crucial dans les situations où des décisions rapides sont nécessaires, comme en cas d'urgence médicale ou d'épidémie.

Plus que la vitesse, le Big Data dans le domaine de la santé est capable de traiter une variété de données, comme le soulignent Kocaballi et al. (2019). Les données de santé peuvent se présenter sous différents formats, notamment le texte, les images, l'audio et la vidéo, et le Big Data est capable d'intégrer et d'analyser ces informations hétérogènes de manière cohérente.

Par conséquent, cela permet une compréhension plus complète de l'état de santé des patients et une prise de décision plus éclairée par les professionnels de la santé.

L'identification des modèles individuels et la prévision à l'avance des complications potentielles pour la santé permettent d'adopter des approches thérapeutiques plus proactives et personnalisées, qui peuvent améliorer considérablement les résultats cliniques et réduire les coûts associés aux soins de santé.

Les jumeaux numériques, représentation virtuelle en temps réel d'un objet ou d'un processus physique, s'imposent comme un outil puissant dans le domaine du Big Data dans le domaine de la santé.

Ces modèles numériques peuvent capturer des informations détaillées sur la physiologie, la génétique et les antécédents médicaux d'un patient, offrant ainsi une représentation précise et dynamique de son état de santé.

En intégrant les jumeaux numériques dans les systèmes Big Data, les professionnels de la santé peuvent effectuer des simulations et des analyses prédictives plus précises, identifiant des modèles et des corrélations qui peuvent ne pas être évidents dans les données traditionnelles.

Cela permet une approche plus personnalisée et préventive des soins aux patients, avec des interventions précoces basées sur des informations prédictives.

Blockchain

La blockchain dans le domaine de la santé fait référence à l'application de la technologie blockchain dans le secteur de la santé, offrant une approche innovante de la gestion des données et de la sécurité de l'information.

Selon la définition de Halamka et al. (2017), la blockchain est une « technologie de grand livre distribué qui permet la création d'un enregistrement numérique partagé et immuable des transactions ».

Ainsi, les informations enregistrées dans une blockchain sont stockées dans un réseau informatique décentralisé, ce qui augmente la transparence et la sécurité, puisque chaque transaction est validée et enregistrée par consensus entre les participants du réseau.

Krawiec (2018) souligne que la blockchain dans le domaine de la santé offre la promesse de « garantir l'intégrité et la sécurité des données de santé, ainsi que d'améliorer l'interopérabilité entre les systèmes de santé ».

Cela est particulièrement important dans un environnement où l'échange d'informations de santé entre différents systèmes et organisations est souvent confronté à des problèmes de sécurité et de fiabilité.

L'utilisation de la blockchain peut contribuer à atténuer ces défis en fournissant un enregistrement sécurisé et immuable de toutes les transactions de données de santé, depuis leur création jusqu'à leur utilisation finale.

Cette plus grande transparence et sécurité peut générer une plus grande confiance dans les informations de santé et une meilleure collaboration entre les différents acteurs du système de santé.

La technologie des registres distribués a gagné en importance ces dernières années en raison de sa capacité à assurer la transparence, la sécurité et la décentralisation dans diverses applications, notamment les soins de santé.

Constitué d'un réseau d'ordinateurs (nœuds) qui conservent une copie identique d'un enregistrement de transaction, appelé « bloc », chaque nouveau bloc contient une liste de transactions valides et est connecté au bloc précédent, formant une chaîne de blocs.

Une fois enregistrée dans un bloc, une transaction est immuable et ne peut être modifiée sans le consensus de la majorité des participants au réseau.

Dans le secteur de la santé, la blockchain offre un potentiel révolutionnaire pour la gestion des données médicales. Les dossiers médicaux numériques peuvent être stockés de manière sécurisée et décentralisée, permettant aux patients et aux professionnels de santé d'accéder et de partager des informations de manière efficace et sécurisée.

En effet, la technologie blockchain peut être utilisée pour retracer l'historique des médicaments depuis leur fabrication jusqu'à leur distribution, garantissant ainsi leur authenticité et réduisant les risques de contrefaçon ou de falsification.

Les dispositifs médicaux connectés à l'Internet des objets (IoT) peuvent également être enregistrés et authentifiés sur la blockchain, garantissant ainsi l'intégrité et la sécurité des données collectées. De plus, la blockchain peut être une solution pour gérer le consentement des patients au partage de données de santé, en respectant leurs préférences individuelles.

Enfin, la technologie blockchain facilite l'échange sécurisé de données de recherche entre institutions, favorisant la transparence et l'intégrité des résultats obtenus.

Malgré ses nombreux avantages, la blockchain est confrontée à des défis importants dans le secteur de la santé. L'évolutivité, la réglementation, l'interopérabilité et la confidentialité sont des considérations importantes qui doivent être prises en compte.

Cependant, si l'on comprend clairement les défis et les avantages, la blockchain a le potentiel de révolutionner la manière dont les données de santé sont gérées, offrant ainsi des avantages importants aux patients, aux professionnels de santé et aux institutions du secteur.

La blockchain a le potentiel de transformer la façon dont les données de santé sont gérées, partagées et protégées. Grâce à sa sécurité, sa transparence et son efficacité, la blockchain peut promouvoir une meilleure collaboration entre les acteurs de la santé, améliorant ainsi la qualité des soins et favorisant l'innovation dans le domaine des soins de santé.

Toutefois, des défis tels que l'évolutivité, la réglementation et l'interopérabilité doivent être surmontés afin que la blockchain puisse atteindre son plein potentiel dans le domaine des soins de santé.

Chirurgie Robotique

La chirurgie robotique en médecine est une approche avancée qui combine la technologie robotique avec des techniques chirurgicales pour effectuer des procédures de manière précise et contrôlée.

Selon Shah, Amin et Gopal (2021), cela implique l'utilisation de systèmes robotiques contrôlés par des chirurgiens pour effectuer des interventions avec une plus grande précision et dextérité que ce qui serait possible avec les seules mains humaines.

Cette technologie offre un large éventail d'applications dans diverses spécialités chirurgicales, depuis les chirurgies cardiaques et urologiques jusqu'aux interventions gynécologiques et gastro-intestinales.

Selon Gagner et Dubuc (2018), la chirurgie robotique se caractérise par l'utilisation d'une plateforme robotisée composée de bras articulés et d'instruments chirurgicaux miniaturisés.

Les bras robotisés sont contrôlés par le chirurgien via une console de commande, qui transmet les mouvements précis des mains du chirurgien aux instruments situés à l'intérieur du corps du patient.

Par conséquent, il permet une manipulation plus délicate et précise des tissus pendant la chirurgie, ce qui entraîne des incisions plus petites, moins de dommages aux tissus environnants et une récupération plus rapide pour le patient.

La robotique chirurgicale offre de nombreux avantages par rapport aux méthodes traditionnelles, notamment une plus grande précision, des séjours hospitaliers plus courts, moins de pertes de sang pendant l'intervention chirurgicale et un risque moindre de complications postopératoires.

La visualisation haute définition fournie par les systèmes robotiques permet au chirurgien une vue agrandie et détaillée du champ opératoire, facilitant ainsi l'identification et l'élimination des tissus malades avec une plus grande précision.

L'automatisation entraîne également des progrès significatifs dans le domaine de la télésanté, permettant aux chirurgiens d'effectuer des interventions à distance à l'aide de systèmes robotiques télécommandés.

Par conséquent, cela peut faciliter l'accès à des soins chirurgicaux spécialisés dans les zones reculées ou mal desservies, ainsi que permettre la collaboration entre chirurgiens de différentes zones géographiques.

En d'autres termes, la chirurgie robotisée représente une évolution importante dans la pratique chirurgicale, offrant une combinaison unique de précision, de contrôle et d'accessibilité qui profite à la fois aux patients et aux professionnels de santé.

La tendance est à l'intelligence artificielle qui réalise des progrès significatifs en termes d'efficacité et de sécurité des procédures.

Pour Wang et al. (2019), l'IA en chirurgie robotique fait référence à la capacité des systèmes robotiques à apprendre des données, à reconnaître des modèles et à prendre des décisions autonomes pendant les opérations. Cette capacité est essentielle pour améliorer la précision des mouvements du robot et améliorer l'assistance au chirurgien.

L'application de l'IA en chirurgie robotique couvre plusieurs domaines, de la planification préopératoire à l'exécution des procédures.

Lors de la planification, les algorithmes d'IA peuvent analyser des images médicales, telles que des tomodensitogrammes et des IRM, pour aider à identifier les structures anatomiques et à définir la meilleure stratégie chirurgicale (Patel et al., 2020).

Pendant l'intervention chirurgicale, les systèmes d'IA peuvent surveiller en permanence les données du patient telles que les signes vitaux et les paramètres physiologiques, alertant le chirurgien de tout changement nécessitant une intervention immédiate.

En fait, l'IA en chirurgie robotique stimule également l'innovation dans le développement de nouvelles techniques et procédures chirurgicales. Comme le soulignent Smith et al. (2021), la capacité de l'IA à traiter de gros volumes de données et à réaliser des analyses complexes permet de développer des approches chirurgicales personnalisées adaptées aux besoins spécifiques de chaque patient.

Dans ce contexte, l'utilisation d'algorithmes d'apprentissage automatique se démarque pour optimiser la trajectoire des instruments chirurgicaux, minimisant les traumatismes des tissus environnants et accélérant la récupération postopératoire.

Enfin, comme le soulignent Jones et al. (2018), l'intégration de l'IA dans la chirurgie robotique représente une avancée significative en médecine, offrant une puissante combinaison de précision robotique et d'intelligence artificielle.

Cette combinaison promet de révolutionner la pratique chirurgicale, en offrant des résultats plus prévisibles, en réduisant la durée des procédures et en améliorant les résultats cliniques pour les patients.

Réalité augmentée (RA) et réalité virtuelle (VR)

La réalité augmentée (AR) et la réalité virtuelle (VR) révolutionnent la façon dont la médecine est pratiquée, offrant une gamme d'applications allant de la formation des professionnels de santé à la planification chirurgicale et à la réadaptation des patients.

La RA combine des éléments virtuels avec l'environnement réel, tandis que la VR crée un environnement entièrement virtuel. Les deux technologies offrent des avantages importants pour les soins de santé.

Selon le Dr Rafael Grossmann, pionnier de l'utilisation de la réalité augmentée en chirurgie, ces technologies « ont le potentiel de transformer la façon dont les médecins pratiquent et dont les patients vivent la médecine ».

Les avantages incluent une formation plus immersive et réaliste pour les professionnels de la santé, leur permettant de pratiquer des procédures complexes dans un environnement simulé avant de les exécuter sur de vrais patients.

De plus, la réalité augmentée et la réalité virtuelle facilitent la planification préopératoire en permettant aux chirurgiens de visualiser les organes et les structures anatomiques en 3D, ce qui peut améliorer la précision et les résultats des interventions chirurgicales.

Pour les patients, ces technologies peuvent être utilisées en réadaptation, en fournissant des environnements virtuels interactifs qui encouragent le mouvement et la participation active au rétablissement. À mesure que la technologie progresse, la réalité augmentée et la réalité virtuelle devraient devenir de plus en plus accessibles et intégrées dans la pratique clinique, offrant ainsi de nouvelles possibilités passionnantes pour la médecine future.

Lois sur La Protection des Données de Santé

Les lois générales sur la protection des données de santé sont essentielles pour garantir la confidentialité et la sécurité des informations personnelles des patients dans le cadre des services de santé.

Ces lois établissent des lignes directrices et des réglementations pour l'utilisation, le stockage et le partage des données de santé, dans le but de protéger les droits et la vie privée des personnes.

Selon Kumar et Puraswani (2020), les lois sur la protection des données de santé sont définies comme « un ensemble de règles juridiques régissant la collecte, le traitement, le stockage et le partage d'informations de santé, dans le but de protéger la vie privée et la confidentialité des données des patients.

Pour Greenberg (2021), « la protection des données est essentielle pour maintenir l'intégrité et la confidentialité des informations de santé, en évitant d'éventuelles violations qui pourraient avoir de graves conséquences pour les personnes concernées ».

Sans un cadre juridique solide, les informations personnelles sur la santé peuvent être exposées à des risques, allant de la fraude à la discrimination.

L'un des principaux fondements de ces lois est le consentement éclairé. Les patients doivent être correctement informés de la manière dont leurs données de santé seront collectées, utilisées et partagées, et doivent donner leur consentement explicite à ces pratiques.

Le consentement éclairé est essentiel pour garantir que les patients ont le contrôle de leurs informations et peuvent prendre des décisions éclairées concernant leur vie privée.

Comme le déclarent D'Amour et Feizi (2018), « le consentement éclairé est un principe éthique fondamental qui sous-tend les lois sur la protection des données de santé, garantissant que les patients ont l'autonomie et le contrôle de leurs informations personnelles ».

La nécessité de la sécurité et de la confidentialité des données fait également partie des principes, y compris des mesures visant à protéger les données contre tout accès non autorisé, toute utilisation abusive, toute perte ou toute violation.

Les établissements de santé doivent mettre en œuvre des contrôles de sécurité appropriés, tels que le cryptage, l'authentification des utilisateurs et les audits d'accès, pour garantir l'intégrité et la confidentialité des données des patients.

Mis en évidence par Li et al. (2019), « la sécurité des données est un élément essentiel des lois sur la protection des données de santé, garantissant que les informations personnelles des patients sont protégées contre les menaces de cybersécurité et autres vulnérabilités ».

Une autre ligne directrice est l'anonymisation des données, qui est le processus par lequel les informations personnelles sont modifiées ou supprimées des ensembles de données afin que les personnes auxquelles les données se rapportent ne puissent plus être identifiées.

Par Machanavajjhala et al. (2007), l'anonymisation des données est définie comme « le processus de modification des données pour supprimer ou masquer les informations qui pourraient identifier des individus spécifiques, de sorte que les données deviennent irréversiblement anonymes ».

Ce processus implique des techniques telles que la suppression des identifiants directs, tels que les noms et les numéros d'identification, et l'application de méthodes statistiques pour masquer les caractéristiques individuelles des données, garantissant ainsi la protection de l'identité des personnes.

L'anonymisation des données est essentielle pour garantir la confidentialité et la sécurité des informations personnelles, en particulier dans les contextes où les données seront partagées ou utilisées à des fins de recherche, d'analyse ou à d'autres fins secondaires.

La pseudonymisation est définie par Machanavajjhala et al. (2007), la pseudonymisation est « le remplacement des identifiants directs d'un enregistrement par des identifiants fictifs, de sorte que les enregistrements puissent être liés les uns aux autres sans révéler l'identité des individus ».

Cette technique permet aux données de continuer à être utilisées efficacement à des fins légitimes, telles que la recherche et l'analyse, tout en protégeant l'identité des individus et en minimisant le risque d'atteinte à la vie privée.

La pseudonymisation est souvent utilisée conjointement avec d'autres mesures de protection des données, telles que le cryptage, pour garantir la sécurité et la confidentialité des informations personnelles.

Le contexte mondial de la protection des données de santé varie considérablement, reflétant les différentes approches et priorités des différents pays.

Aux États-Unis, la Health Insurance Portability and Accountability Act (HIPAA) fixe des normes pour protéger la confidentialité des informations médicales, tandis que dans l'Union européenne, le Règlement général sur la protection des données (RGPD) propose une approche globale de la protection des données, y compris des données de santé...

Selon Johnson (2020), « la diversité des réglementations sur la protection des données dans le monde reflète la complexité et l'importance de la protection des informations de santé dans différents contextes culturels et juridiques ».

Historiquement, l'évolution des lois sur la protection des données dans le secteur des soins de santé a commencé à prendre de l'ampleur à la fin du XXe siècle, à mesure que la numérisation des dossiers médicaux devenait plus courante.

Aux États-Unis, la loi HIPAA a été promulguée en 1996, marquant un tournant dans la protection des informations sur la santé. La loi établit des normes de sécurité et de confidentialité pour protéger les données médicales des patients.

Dans l'Union européenne, le RGPD, entré en vigueur en 2018, a remplacé l'ancienne directive sur la protection des données de 1995, élargissant les droits des individus sur leurs données personnelles et imposant des obligations plus strictes aux organisations.

Aujourd'hui, avec la numérisation croissante des services de santé et l'utilisation accrue de technologies telles que le big data et l'intelligence artificielle, l'importance des lois sur la protection des données dans le domaine de la santé est encore plus évidente.

La protection des données de santé prévient non seulement les atteintes à la vie privée, mais garantit également que les innovations technologiques sont développées et mises en œuvre de manière éthique et sûre.

Greenberg (2021) souligne que « le respect des lois sur la protection des données est crucial pour garantir que les technologies émergentes dans le domaine de la santé soient adoptées d'une manière qui respecte les droits et la vie privée des patients ».

Les défis liés à la mise en œuvre et au maintien de lois efficaces sur la protection des données de santé comprennent des développements technologiques rapides, qui peuvent dépasser la législation existante, et la nécessité d'harmoniser les réglementations mondiales.

Johnson (2020) suggère que « l'un des plus grands défis consiste à garantir que les lois soient suffisamment flexibles pour suivre l'innovation technologique tout en assurant une solide protection des données de santé ».

L'avenir des lois sur la protection des données dans le secteur de la santé verra probablement une plus grande collaboration internationale et l'adoption de meilleures pratiques pour relever les défis émergents.

RGPD

Il s'agit d'une législation de l'Union européenne entrée en vigueur en mai 2018. Son objectif principal est de renforcer et d'unifier la protection des données personnelles des citoyens de l'UE et de réglementer la manière dont les organisations traitent ces données.

Le consentement est un élément central du (RGPD). En bref, il s'agit d'une manifestation libre, concrète, informée et univoque de la volonté de l'intéressé, par laquelle il accepte, au moyen d'une déclaration ou d'un acte positif sans équivoque, que ses données personnelles soient soumises à un traitement.

Le droit à la portabilité, quant à lui, permet aux individus de recevoir leurs données personnelles dans un format structuré, couramment utilisé et lisible par machine, et d'avoir le droit de transmettre ces données à une autre organisation sans obstacles, lorsque cela est techniquement possible.

Les individus ont donc le pouvoir de transférer leurs données d'une entreprise à une autre, facilitant ainsi les échanges entre prestataires de services.

Ces droits visent à renforcer le contrôle des individus sur leurs propres données personnelles, en promouvant la transparence, la responsabilité et la protection de la vie privée dans l'environnement numérique.

Les établissements de santé doivent être prêts à répondre rapidement aux demandes d'accès et de portabilité des données des individus, conformément aux exigences établies par le RGPD.

Un autre point est la notification des violations, qui fait référence à l'obligation des organisations d'informer les autorités de régulation compétentes, et dans certains cas les individus eux-mêmes, lorsqu'une violation de données survient qui pourrait présenter un risque pour les droits et libertés. de personnes.

Les organisations doivent fournir une description détaillée de la nature de la violation, des conséquences possibles et des mesures prises pour y remédier.

Le signalement des violations vise principalement à garantir que les autorités de régulation et les personnes concernées sont informées des incidents de sécurité des données afin qu'ils puissent prendre les mesures appropriées pour protéger leurs droits et prendre des mesures correctives si nécessaire.

Il existe des sanctions imposées par les conséquences prévues par le RGPD pour les organisations qui enfreignent ses dispositions, y compris des amendes importantes en cas de non-respect des règles de protection des données.

En fonction de la gravité de la violation et de la réponse de l'organisation aux mesures correctives suggérées par les autorités de protection des données, les amendes peuvent atteindre 20 millions d'euros ou jusqu'à 4 % du chiffre d'affaires global annuel de l'institution. Qu'il s'agisse de violations graves telles que l'absence de consentement aux données, les violations des principes fondamentaux du traitement des données, le manque de transparence et le défaut de réponse aux demandes d'accès ou de suppression des données.

Pour les violations moins graves, les amendes peuvent aller jusqu'à 10 millions d'euros ou jusqu'à 2 % du chiffre d'affaires global annuel de l'organisation, le montant le plus élevé étant retenu.

Il peut s'agir par exemple de violations d'exigences administratives, telles que le défaut de tenue de registres sur le traitement des données, le défaut de réalisation d'analyses d'impact sur la protection des données ou le défaut de notification d'une violation de données aux autorités compétentes dans le délai imparti.

HIPAA

Législation américaine promulguée en 1996 qui établit des normes pour la confidentialité et la sécurité des informations de santé, la HIPAA s'applique aux organisations, fournisseurs, régimes et entreprises qui traitent des données de santé pour le compte de ces entités.

Établit des règles claires sur qui peut accéder aux informations de santé protégées (PHI), dans quelles circonstances et à quelles fins.

La HIPAA exige l'autorisation écrite des patients avant de divulguer leurs informations de santé à des tiers, accorde aux patients des droits importants sur leurs dossiers médicaux et exige la protection des identifiants personnels pour éviter une identification erronée des patients.

En outre, la législation aborde la sécurité des données de santé, exigeant des mesures de protection techniques, administratives et physiques pour protéger les informations contre tout accès non autorisé, toute utilisation abusive et toute divulgation.

Les sanctions de la loi HIPAA (Health Insurance Portability and Accountability Act) s'appliquent aux organismes de santé et autres entités couvertes qui enfreignent ses dispositions et varient en fonction de la gravité de la violation et des circonstances spécifiques de l'affaire.

Des sanctions civiles peuvent être imposées par le ministère américain de la Santé et des Services sociaux (HHS) et sont déterminées en fonction de la gravité de la violation.

Ils peuvent varier de 100 $ à 50 000 $ par violation, avec une limite annuelle de 1 500 000 $ par type de violation.

Dans les cas plus graves de violation intentionnelle ou par négligence grave des dispositions HIPAA, le HHS peut renvoyer l'affaire au ministère américain de la Justice pour enquête et éventuelles poursuites pénales.

Les amendes pénales peuvent entraîner des peines de prison et des amendes importantes pour les individus ou les organisations responsables.

En plus des amendes civiles et pénales, le HHS peut imposer des sanctions administratives, telles que des accords de résolution, des ordonnances de correction et une surveillance de la conformité, pour garantir que l'organisation corrige ses pratiques et se conforme à la HIPAA.

Les sanctions HIPAA visent à garantir le respect par les établissements de santé des normes de confidentialité et de sécurité fixées par la législation, favorisant ainsi la protection des informations de santé des individus et la sécurité des données de santé en général. .

Selon Appari et Johnson (2010), la HIPAA est cruciale car elle garantit que les informations médicales sensibles sont protégées contre tout accès non autorisé, tout en permettant la fluidité nécessaire à l'échange d'informations entre prestataires de soins pour améliorer la qualité des soins.

La législation impose également aux organismes de santé de mettre en œuvre des mesures de protection physiques, administratives et techniques pour protéger les informations de santé des patients, ce qui est vital dans un contexte de numérisation croissante des dossiers médicaux.

Selon Rouse (2014), la HIPAA protège non seulement la vie privée des patients, mais favorise également la confiance du public dans le système de santé numérique.

La conformité HIPAA est essentielle pour garantir aux patients que leurs informations de santé seront traitées avec la plus grande confidentialité et sécurité, ce qui est essentiel à l'acceptation et à l'adoption des technologies de santé numériques.

La HIPAA établit des exigences claires pour répondre aux violations de données, aidant ainsi les organismes de santé à être mieux préparés à faire face aux incidents de sécurité et à minimiser les impacts des violations de données potentielles.

Comme exemples de cas concrets dans lesquels des amendes ont été imposées, nous pouvons citer Anthem Inc., un assureur maladie, qui a accepté de payer une amende record de 16 millions de dollars en 2018 après une violation de données qui a révélé les informations de santé de 79 millions de personnes, en raison de failles de sécurité et pratiques inadéquates en matière de protection des données.

Le Massachusetts General Hospital a accepté de payer une amende d'un million de dollars en 2011 après avoir perdu les dossiers médicaux de 192 patients. La violation s'est produite lorsqu'un employé de l'hôpital a laissé dans un train des documents contenant des informations médicales confidentielles.

Toujours en 2011, Cignet Health, une clinique médicale du Maryland, a été condamnée à une amende de 4,3 millions de dollars pour avoir refusé de fournir des dossiers médicaux à des patients qui en faisaient la demande. Ce ne sont là que quelques exemples de cas où des amendes importantes ont été infligées en raison de violations de la HIPAA.

LGPD

La loi générale sur la protection des données (LGPD) est une législation brésilienne entrée en vigueur en septembre 2020.

Son objectif est de réglementer le traitement des données personnelles par les entreprises et organisations au Brésil, y compris les données de santé, dans le but de protéger la vie privée des citoyens et d'assurer le contrôle de leurs informations personnelles.

Elle s'inspire fortement du RGPD de l'Union européenne et établit des lignes directrices claires pour l'utilisation, le stockage et le partage des données personnelles.

Selon Doneda et Medaglia (2019), la LGPD est fondamentale car elle établit un cadre réglementaire clair pour la collecte, le stockage et le traitement des données personnelles, offrant ainsi une plus grande sécurité juridique tant aux propriétaires de données qu'aux entreprises.

Cette législation oblige les organisations à adopter des mesures techniques et administratives pour protéger les données personnelles, ce qui est important pour garantir la confidentialité et l'intégrité des informations.

Selon Ferreira et Almeida (2020), la LGPD protège non seulement la vie privée des personnes, mais favorise également la confiance du public dans l'utilisation des technologies numériques.

Le respect de la LGPD est essentiel pour garantir aux utilisateurs que leurs données seront traitées de manière responsable et sécurisée, favorisant ainsi une plus grande acceptation et utilisation des services numériques.

Les sanctions prévues pour les organisations qui enfreignent ses dispositions comprennent des avertissements, des amendes pouvant aller jusqu'à 2 % du chiffre d'affaires annuel de l'entreprise (limitées à 50 millions de R$ par violation) et une suspension partielle ou totale des activités de traitement de données.

LPRPDE

La Loi sur la protection des renseignements personnels et les documents électroniques (LPRPDE) est une loi canadienne qui régit la collecte, l'utilisation et la divulgation de renseignements personnels par les entreprises du secteur privé.

Depuis sa mise en œuvre en 2001, la LPRPDE vise à protéger la vie privée des personnes en établissant des règles sur la collecte, l'utilisation et la divulgation des données personnelles.

Les principaux aspects de la loi comprennent l'exigence d'un consentement explicite pour la collecte et l'utilisation de renseignements personnels, la limitation de l'utilisation de ces informations à des fins spécifiques, le droit des individus d'accéder à leurs propres données et de les corriger, et l'obligation des organisations d'assurer la sécurité et protection des données personnelles.

Selon Greenberg et Roos (2015), la LPRPDE est essentielle pour protéger la vie privée des personnes dans le contexte d'un environnement numérique en croissance rapide.

De plus, la LPRPDE impose l'obligation de mettre en œuvre des mesures de sécurité appropriées pour protéger les renseignements personnels contre la perte, le vol ou l'accès non autorisé, favorisant ainsi la confiance des consommateurs dans les transactions électroniques et l'économie numérique.

Bennett et Raab (2018) soulignent que la LPRPDE joue également un rôle crucial dans l'harmonisation des pratiques de protection des données au Canada avec les normes internationales, facilitant ainsi le commerce et la coopération transfrontaliers.

La conformité à la LPRPDE aide les entreprises canadiennes à garantir que leurs opérations sont conformes aux réglementations mondiales en matière de confidentialité, telles que le RGPD en Europe, favorisant ainsi une approche cohérente à l'échelle mondiale en matière de protection des données.

La LPRPDE s'applique aux organisations faisant des affaires au Canada et est supervisée par le Commissaire à la protection de la vie privée du Canada, qui a le pouvoir d'enquêter sur les plaintes et d'imposer des sanctions aux organisations qui ne respectent pas les dispositions de la loi.

Les sanctions imposées comprennent des enquêtes, des audiences et des consentements menés par le Commissaire à la protection de la vie privée du Canada. En cas de non-conformité, le commissaire peut émettre des ordonnances de correction et demander des amendes auprès de la Cour fédérale du Canada.

Privacy Act

La loi australienne sur la protection de la vie privée de 1988 est une législation cruciale qui réglemente la manière dont les organisations et les agences gouvernementales collectent, utilisent, stockent et divulguent des informations personnelles.

L'un des principaux défis auxquels est confrontée cette législation, comme l'explique Clarke (2019), est l'évolution technologique rapide qui teste continuellement les limites du droit.

Clarke soutient que les progrès constants des technologies numériques, telles que le big data, l'intelligence artificielle et l'Internet des objets (IoT), nécessitent des mises à jour et des adaptations continues de la législation pour garantir que la vie privée des personnes reste efficacement protégée. .

Les lacunes et ambiguïtés de la loi peuvent être exploitées, mettant ainsi en danger la vie privée des citoyens. L'absence de réaction agile de la part des régulateurs pour adapter la loi sur la protection de la vie privée aux nouvelles réalités technologiques et aux pratiques commerciales émergentes constitue un défi important qui doit être relevé pour maintenir la confiance du public et la protection des données personnelles.

Les Défis de la RGPD

Avec les progrès de la technologie et la numérisation croissante des informations dans le monde, la protection des données personnelles est devenue une préoccupation mondiale de plus en plus pressante. En réponse à cette préoccupation, plusieurs juridictions ont adopté des lois sur la protection des données pour réglementer le traitement des informations personnelles par les organisations et garantir la confidentialité et la sécurité des individus.

Cependant, la nature transfrontalière des données et la diversité des lois sur la protection des données dans les différents pays présentent des défis importants pour les entreprises et les gouvernements du monde entier.

L'harmonisation des normes constitue un défi pour les organisations opérant à l'échelle mondiale en raison de la diversité des lois sur la protection des données dans les différentes juridictions. Ce scénario implique des coûts élevés, une complexité administrative et un risque de non-conformité.

Pour relever ces défis, les entreprises adoptent généralement une approche globale de conformité, en mettant en œuvre des politiques et des procédures qui répondent aux normes de protection des données les plus élevées dans l'ensemble de leurs opérations.

La coopération internationale et l'échange de bonnes pratiques sont également essentiels pour promouvoir l'harmonisation et la simplification des lois sur la protection des données à l'échelle mondiale.

La sécurité des données de santé est un enjeu dans un monde de plus en plus digitalisé. Avec la prolifération des dossiers de santé électroniques, des appareils médicaux connectés et de la télémédecine, les établissements de santé sont confrontés à un nombre croissant de cybermenaces susceptibles de compromettre la confidentialité et l'intégrité des données des patients.

Pour relever ces défis, les organisations investissent dans des technologies avancées de cybersécurité, favorisent une culture de sensibilisation parmi les employés et collaborent de manière proactive avec d'autres parties prenantes du secteur pour identifier et atténuer les menaces en temps opportun.

La sécurité des données de santé n'est pas seulement une priorité éthique mais également une exigence réglementaire, avec des implications importantes pour la confiance des patients et la réputation des établissements de santé.

L'adoption de nouvelles technologies, telles que l'intelligence artificielle (IA), offre des opportunités passionnantes pour faire progresser les soins de santé en permettant des diagnostics plus précis, des traitements personnalisés et une meilleure gestion des données de santé.

Cependant, un équilibre doit être trouvé entre l'innovation technologique et la protection de la confidentialité des données des patients. Étant donné que l'IA s'appuie sur de grands volumes de données pour entraîner et améliorer les algorithmes, des inquiétudes surgissent quant à la sécurité et à la confidentialité de ces données.

Par conséquent, les établissements de santé doivent mettre en œuvre de solides mesures de cybersécurité et de confidentialité des données, garantissant que les patients contrôlent la manière dont leurs informations sont collectées, utilisées et partagées.

En effet, il est essentiel que les établissements de santé se conforment aux réglementations en matière de protection des données, telles que le RGPD dans l'Union européenne et la LGPD au Brésil, qui établissent des exigences strictes pour le traitement des informations personnelles.

Cela comprend la mise en œuvre de pratiques de confidentialité dès la conception et la réalisation d'évaluations des facteurs relatifs à la vie privée, garantissant que la vie privée des patients est prise en compte à chaque étape du développement et de la mise en œuvre de technologies basées sur l'IA.

En trouvant le bon équilibre entre innovation et protection de la vie privée, les organismes de santé peuvent maximiser les avantages de la technologie tout en garantissant la confiance et la sécurité des patients.

L'éducation et la sensibilisation aux droits et responsabilités concernant les données de santé sont essentielles tant pour les patients que pour les professionnels de santé.

Les patients doivent comprendre leurs droits à la vie privée, y compris le droit d'accéder, de corriger et de contrôler l'utilisation de leurs informations de santé.

D'autre part, les professionnels de la santé doivent être formés aux meilleures pratiques en matière de protection des données et de cybersécurité, en s'assurant qu'ils connaissent les lois et réglementations pertinentes, telles que la HIPAA aux États-Unis et la LGPD au Brésil.

Ils doivent également comprendre l'importance d'obtenir le consentement éclairé des patients avant de partager leurs informations de santé et prendre les mesures appropriées pour protéger la confidentialité et l'intégrité des données de santé.

En favorisant l'éducation et la sensibilisation des patients et des professionnels de la santé, nous pouvons renforcer la protection des données de santé et promouvoir une culture de sécurité et de confidentialité dans le secteur de la santé.

La diversité des lois sur la protection des données dans les différents pays présente des défis importants pour les entreprises et les gouvernements opérant dans plusieurs juridictions, nécessitant une approche globale et collaborative pour garantir le respect et la protection des droits individuels.

Mesures de Sécurité et Risques de Cybersécurité

Le cryptage est une technique utilisée pour protéger la confidentialité et l'intégrité des informations, les rendant illisibles pour toute personne non autorisée.

Dans le contexte des soins de santé, le cryptage joue un rôle clé dans la protection des données sensibles des patients, telles que les informations médicales, les diagnostics, les dossiers médicaux et les données de traitement.

Comme le soulignent Martín et al. (2019), l'importance du cryptage dans le domaine des soins de santé réside dans la nécessité de garantir la sécurité et la confidentialité des données des patients, en les protégeant contre les accès non autorisés, les failles de sécurité et les utilisations abusives.

En chiffrant ces informations, les établissements de santé peuvent réduire considérablement le risque d'exposition aux pirates informatiques et aux cyberattaques, garantissant ainsi que les données restent confidentielles et protégées.

Le contrôle d'accès est une mesure de sécurité cruciale dans le contexte des soins de santé, qui vise à réguler et surveiller l'accès aux informations de santé, permettant uniquement au personnel autorisé de visualiser, modifier ou partager les données sensibles des patients.

Selon Schreiber et al. (2016), le contrôle d'accès joue un rôle essentiel dans la protection de la confidentialité et de la confidentialité des informations de santé, en garantissant que seuls les professionnels de santé autorisés peuvent accéder aux dossiers médicaux des patients.

Cette mesure permet d'atténuer le risque de failles de sécurité et d'accès non autorisé en protégeant les données contre toute utilisation abusive ou toute divulgation non autorisée.

Le contrôle d'accès permet aux établissements de santé de mettre en œuvre des politiques de sécurité plus strictes et de se conformer aux réglementations sur la confidentialité des données telles que la HIPAA aux États-Unis et le RGPD dans l'Union européenne, favorisant ainsi la confiance des patients et préservant l'intégrité des données. Dossiers médicaux.

Les logiciels malveillants et les rançongiciels sont des types de logiciels malveillants conçus pour endommager, accéder ou contrôler illégalement des appareils, des systèmes d'information ou des réseaux informatiques.

Les logiciels malveillants sont un terme général qui couvre une grande variété de programmes malveillants, notamment des virus, des vers, des chevaux de Troie et des logiciels espions, qui peuvent être utilisés pour voler des informations sensibles, endommager des systèmes ou effectuer d'autres activités nuisibles.

D'un autre côté, les ransomwares sont un type spécifique de malware qui crypte les fichiers système ou bloque l'accès aux appareils et exige le paiement d'une rançon pour restaurer l'accès ou décrypter les fichiers.

Selon Check Point Software Technologies Ltd., une société leader dans le domaine de la cybersécurité, les logiciels malveillants sont « un code logiciel nuisible conçu pour endommager un ordinateur, un serveur ou un réseau ».

Ce malware peut être distribué de différentes manières, par exemple par des e-mails de phishing, des sites Web infectés, des téléchargements de fichiers ou des périphériques USB compromis.

De même, les ransomwares sont décrits comme « un type de malware qui crypte les fichiers d'un système informatique ou d'un appareil mobile et demande une rançon à l'utilisateur pour déverrouiller l'accès aux données ».

Cette définition met en avant le caractère extorsionniste des ransomwares, qui visent à contraindre les victimes à payer une rançon pour retrouver l'accès à leurs données.

Les menaces susmentionnées présentent de graves risques pour la sécurité des informations et peuvent causer des dommages importants aux entreprises et aux particuliers, soulignant l'importance de se protéger contre les logiciels malveillants et les ransomwares grâce à des mesures de cybersécurité robustes.

Le phishing est une technique utilisée par les cybercriminels pour inciter les gens à obtenir des informations sensibles telles que des mots de passe, des informations financières ou des informations personnelles identifiables.

Cela se fait généralement par le biais d'e-mails, de SMS, d'appels téléphoniques ou de sites Web frauduleux se faisant passer pour des entités légitimes, telles que des banques, des entreprises ou des établissements de santé.

Les fraudeurs incitent souvent leurs victimes à cliquer sur des liens malveillants, à partager leurs informations personnelles ou à télécharger des fichiers infectés, compromettant ainsi la sécurité de leurs données.

Dans le secteur de la santé, le phishing peut cibler les patients, les professionnels de santé et les employés des établissements médicaux.

Par exemple, les criminels peuvent envoyer des e-mails frauduleux qui ressemblent à des communications officielles d'hôpitaux ou d'assureurs maladie, demandant des informations sensibles sur les patients, telles que des numéros de sécurité sociale, des dates de naissance ou des informations de paiement.

En fait, les fraudeurs peuvent utiliser des techniques de phishing pour accéder aux systèmes de dossiers médicaux électroniques ou aux réseaux hospitaliers, cherchant à voler des données sensibles ou à perturber les services de santé.

Le phishing dans le domaine des soins de santé peut avoir de graves conséquences, notamment la compromission de la vie privée des patients, le vol d'informations médicales sensibles, l'accès non autorisé aux systèmes de santé et la perturbation des services médicaux.

Il est donc essentiel que les organisations et les professionnels de santé soient conscients de ces menaces et mettent en œuvre des mesures de cybersécurité robustes, telles que des formations de sensibilisation à la sécurité, des systèmes de détection du phishing et des politiques de protection des données, pour se protéger contre les attaques. phishing et assurer la sécurité des informations de santé.

Les failles logicielles font référence à des bogues, des erreurs de programmation ou des vulnérabilités dans les systèmes et applications de santé numérique qui peuvent être exploitées par des cyberattaquants pour accéder à des informations sensibles ou compromettre l'intégrité et la disponibilité des données.

Ces échecs peuvent survenir pour diverses raisons, notamment des erreurs de codage, le manque de mises à jour de sécurité, une mauvaise conception des logiciels ou l'incapacité à mettre en œuvre des protocoles de sécurité appropriés.

Les vulnérabilités susmentionnées peuvent être exploitées de diverses manières, telles que des attaques par injection SQL, des attaques par déni de service (DDoS), l'exploitation de ports ouverts ou des failles d'authentification.

Une fois que les attaquants ont identifié et exploité ces failles, ils peuvent obtenir un accès non autorisé aux systèmes de santé, aux dossiers médicaux électroniques, aux appareils médicaux connectés à l'Internet des objets (IoT) ou à d'autres informations médicales sensibles.

Les conséquences des pannes logicielles dans le domaine de la santé numérique peuvent être graves, notamment la fuite d'informations médicales personnelles, la perturbation des services de santé, la compromission de l'intégrité des dossiers médicaux, l'atteinte à la réputation des établissements de soins de santé et même des risques pour la sécurité des patients.

Par conséquent, il est essentiel que les développeurs de logiciels de santé adoptent de solides pratiques de développement sécurisées, effectuent des tests de sécurité rigoureux et mettent en œuvre des mesures de cyberprotection appropriées pour atténuer ces vulnérabilités et protéger la confidentialité et la sécurité des données de santé.

Les stratégies d'atténuation des cyber-risques dans le domaine de la santé font référence aux mesures proactives prises par les établissements de santé pour réduire la probabilité et l'impact des cyberattaques sur leurs systèmes et infrastructures de technologies de l'information (TI).

Ces stratégies comprennent diverses approches techniques, organisationnelles et de gouvernance conçues pour protéger les données de santé sensibles et garantir la sécurité et la confidentialité des informations sur les patients.

L'une des stratégies clés consiste à mettre en œuvre des mesures de cybersécurité strictes, telles que des pare-feu, des systèmes de détection d'intrusion, le cryptage des données, l'authentification multifacteur et des mises à jour logicielles régulières pour corriger les vulnérabilités connues.

En outre, les établissements de santé doivent procéder régulièrement à des évaluations des risques pour identifier les menaces et vulnérabilités potentielles de leurs systèmes et réseaux, ainsi qu'élaborer des plans de réponse aux incidents pour faire face aux cyberattaques en temps opportun.

Une autre stratégie importante est la sensibilisation et la formation à la cybersécurité des employés et des professionnels de santé, dans le but de les informer sur les meilleures pratiques de sécurité, la reconnaissance des menaces et la manière de signaler les incidents de sécurité.

Cela inclut la promotion d'une culture organisationnelle de cybersécurité dans laquelle tous les employés comprennent l'importance de protéger les données de santé et s'engagent à prévenir les failles de sécurité.

Selon les auteurs Eric D. Perakslis et Kevin Fu, dans leur article « La valeur de la sécurité dans les soins de santé », « la cybersécurité dans les soins de santé n'est pas un problème technique, mais un problème de sécurité des patients ».

Ils soulignent l'importance de relever les défis de cybersécurité dans les soins de santé en tant que question de sécurité des patients, reconnaissant que l'intégrité et la disponibilité des données de santé sont essentielles à la fourniture de soins sûrs et efficaces.

Par conséquent, les stratégies d'atténuation des cyber-risques dans le secteur des soins de santé doivent viser à protéger la sécurité, la confidentialité et la confidentialité des informations sur les patients, en garantissant que les systèmes et appareils de santé résistent aux cybermenaces.

Startups et Medtech en Médecine

Les startups et entreprises de technologie médicale, connues sous le nom de medtechs, jouent un rôle fondamental dans l'innovation et la transformation du secteur de la santé.

Grâce à des solutions technologiques innovantes, ces entreprises cherchent à améliorer le diagnostic, le traitement et la gestion des maladies, en plus de promouvoir des soins plus accessibles et efficaces pour les patients.

Leur agilité et leur concentration sur l'adoption de nouvelles technologies ont permis des progrès significatifs en médecine, offrant la promesse d'un avenir plus sain et plus connecté.

Une startup est une entreprise émergente qui cherche à développer un modèle économique innovant et évolutif, opérant généralement dans un environnement d'incertitude et de risque.

Eric Ries, auteur du livre « The Lean Startup », définit une startup comme « une institution humaine conçue pour créer un nouveau produit ou service dans des conditions d'extrême incertitude ».

Ces entreprises démarrent souvent avec des ressources limitées, mais recherchent une croissance rapide et durable grâce à l'expérimentation, à une adaptation rapide et à la recherche continue d'opportunités de marché.

L'objectif principal d'une startup est de trouver un produit ou un service qui répond aux besoins du marché d'une manière unique et efficace, en remettant souvent en question les normes établies et en introduisant des innovations de rupture.

Ces dernières années, le domaine de la médecine a connu une transformation importante portée par l'innovation technologique.

Les startups jouent un rôle de plus en plus important dans la transformation de la médecine, travaillant dans divers domaines pour stimuler l'innovation et améliorer les soins de santé.

L'un de ces domaines est la santé numérique, où les startups développent des applications mobiles, des plateformes en ligne et des appareils connectés pour permettre aux patients d'accéder plus facilement aux informations médicales, de surveiller leur santé et de gérer les maladies chroniques.

Ces solutions offrent plus de confort et d'autonomie aux patients tout en fournissant aux professionnels de santé des données en temps réel.

En effet, les startups révolutionnent la télémédecine en proposant des services de consultation médicale virtuelle qui éliminent les barrières géographiques et améliorent l'accès aux soins de santé, notamment dans les zones reculées.

Un autre domaine d'activité des startups médicales est l'intelligence artificielle (IA) et l'analyse de données, où des algorithmes avancés sont utilisés pour interpréter de grands volumes d'informations médicales et générer des informations utiles pour les diagnostics, les pronostics et les traitements.

Ces solutions sont appliquées dans des domaines tels que la radiologie, la pathologie, la génomique et la médecine de précision, aidant les professionnels de santé à prendre des décisions plus précises et personnalisées.

Certains se concentrent sur l'amélioration de l'efficacité et de la qualité des systèmes de santé, le développement de solutions pour la gestion électronique des dossiers médicaux, l'optimisation des processus hospitaliers, la logistique des médicaments et des fournitures médicales et l'engagement des patients.

Ces initiatives visent à réduire les coûts de fonctionnement, à améliorer la coordination des soins et à accroître la satisfaction des patients, contribuant ainsi à la construction de systèmes de santé plus durables et centrés sur le patient.

Contrairement aux structures de santé traditionnelles, les startups ont la capacité d'expérimenter et d'itérer rapidement, accélérant ainsi le rythme des progrès de la médecine.

En conséquence, cela conduit à l'émergence de nouvelles thérapies, de dispositifs médicaux avancés et d'approches thérapeutiques plus efficaces, qui bénéficient directement aux patients grâce à des options de soins plus modernes et plus efficaces.

Un autre avantage important des startups en médecine est la personnalisation et l'adaptation des solutions de santé aux besoins spécifiques des patients.

Grâce à des technologies telles que l'intelligence artificielle et l'analyse de données, ces entreprises peuvent développer des thérapies et des interventions hautement personnalisées, en tenant compte des facteurs génétiques, environnementaux et de style de vie de chaque individu.

Les startups médicales jouent donc un rôle crucial dans la promotion de la durabilité environnementale dans le secteur de la santé. Grâce à l'innovation dans les matériaux, les technologies de production et les pratiques commerciales durables, ces entreprises réduisent l'impact environnemental du secteur de la santé en minimisant les déchets, les émissions et la consommation de ressources naturelles.

Dans ce scénario, de nombreuses startups médicales sont confrontées à des défis liés à l'acceptation et à l'adoption par les professionnels de la santé et les patients.

Il existe souvent une résistance au changement de la part des médecins et autres prestataires de soins de santé, qui peuvent être réticents à adopter de nouvelles technologies ou approches thérapeutiques.

Le manque de sensibilisation aux bénéfices des solutions développées par les startups et le besoin de formation complémentaire peuvent également être des freins à leur adoption.

Enfin, les startups médicales sont confrontées à des défis en matière de viabilité financière et de modèle économique. Beaucoup de ces entreprises opèrent dans un environnement hautement compétitif où l'innovation et l'évolutivité rapides sont essentielles au succès.

Pour rester actives, ces entreprises innovantes ont rejoint des pôles technologiques avec des universités, des hôpitaux, des fabricants, des laboratoires, entre autres acteurs de l'industrie de la santé.

Medtech, abréviation de « technologie médicale » en anglais, fait référence à l'utilisation de la technologie pour développer des solutions innovantes et avancées dans le domaine de la santé.

Bien qu'il n'existe pas de définition spécifique de la « technologie médicale » par un auteur particulier, le terme est largement reconnu dans l'industrie et dans la littérature comme une combinaison de médecine et de technologie.

Ces technologies peuvent inclure des dispositifs médicaux, des équipements de diagnostic, des logiciels médicaux, des applications mobiles et d'autres innovations visant à améliorer la prestation des soins de santé, le diagnostic, le traitement et le suivi des patients.

Ces entreprises sont à l'avant-garde de l'adoption de technologies émergentes telles que l'intelligence artificielle, l'analyse des mégadonnées et les dispositifs médicaux avancés.

En intégrant ces technologies dans des solutions médicales, les technologies médicales peuvent améliorer considérablement le diagnostic, le traitement et la gestion des maladies, en fournissant une assistance plus précise et personnalisée aux patients.

Les technologies médicales sont souvent plus agiles et flexibles que les établissements de santé traditionnels, ce qui leur permet de développer et de mettre en œuvre des solutions innovantes plus rapidement et plus efficacement.

Cette compétence est particulièrement précieuse dans un environnement de soins de santé en constante évolution, où la capacité de s'adapter rapidement au changement est essentielle.

En collaborant avec les professionnels de la santé et d'autres parties prenantes, les technologies médicales peuvent créer des solutions personnalisées qui répondent à des besoins spécifiques et offrent des avantages tangibles aux patients, aux médecins et aux établissements de santé.

Interopérabilité des données de Santé

L'interopérabilité des données de santé est un domaine crucial impliquant la capacité des systèmes de santé à partager et à utiliser les informations de manière efficace et sécurisée sur différentes plates-formes et organisations.

Selon Kern et al. (2016), l'interopérabilité des données dans le domaine des soins de santé peut être définie comme « la capacité de différents systèmes et organisations de soins de santé à travailler ensemble pour utiliser efficacement les informations de santé dans la sphère des soins de santé ».

D'autre part, la HIMSS (Healthcare Information and Management Systems Society) définit l'interopérabilité des données comme « la capacité des systèmes de santé à travailler ensemble, au sein et entre les organisations, en partageant des informations sur les soins de santé de manière précise, cohérente et utile ».

Cette définition met l'accent sur l'importance de l'exactitude, de la cohérence et de l'utilité des informations partagées, soulignant que l'interopérabilité ne se limite pas seulement à l'échange de données, mais également à la capacité d'utiliser ces informations de manière significative pour soutenir la prise de décision. clinique et opérationnelle.

L'interopérabilité en santé englobe différents niveaux, chacun représentant un degré spécifique de complexité dans l'échange d'informations entre les systèmes.

Le premier niveau, appelé interopérabilité de base, est essentiel pour établir la communication entre différents systèmes, permettant le transfert de données, même s'il ne garantit pas leur interprétation ou leur bonne utilisation.

Vient ensuite l'interopérabilité syntaxique, où les systèmes non seulement communiquent mais échangent également des données dans des formats et des structures standard, facilitant ainsi la compréhension et l'intégration des données entrantes.

Enfin, l'interopérabilité sémantique permet non seulement des échanges structurés, mais aussi l'interprétation du sens des données échangées, en utilisant des vocabulaires contrôlés et des ontologies standardisées pour garantir une interprétation cohérente.

Ces niveaux sont essentiels à la construction d'une infrastructure de santé numérique intégrée et efficace.

À mesure que les organisations de soins de santé passent d'une interopérabilité basique à une interopérabilité syntaxique et enfin sémantique, elles peuvent garantir que les données sont échangées efficacement, correctement comprises et utilisées conformément aux réglementations, ce qui se traduit par une meilleure qualité de soins et une meilleure efficacité opérationnelle.

L'interopérabilité organisationnelle joue également un rôle important, en coordonnant et en intégrant les processus et politiques commerciaux entre les différentes entités de soins de santé afin de garantir une collaboration efficace et sécurisée dans le partage de données.

En résumé, les niveaux d'interopérabilité, de base à sémantique, sont essentiels à la construction d'un système de santé intégré.

Chaque niveau représente une étape dans le développement d'une infrastructure numérique qui facilite l'échange d'informations entre les systèmes de santé, favorisant des diagnostics précis, des traitements personnalisés et des opérations plus efficaces et économiques.

Par conséquent, l'interopérabilité organisationnelle complète ces niveaux, garantissant que l'échange de données se produit en toute sécurité et dans le respect des réglementations, favorisant ainsi une collaboration efficace entre les entités de soins de santé.

En passant de l'interopérabilité basique à l'interopérabilité syntaxique et sémantique, et enfin à l'interopérabilité organisationnelle, les organismes de santé peuvent garantir que les données sont échangées efficacement, correctement comprises et utilisées en toute sécurité et conformément aux réglementations. réglementations, ce qui se traduit par une meilleure qualité des soins et une meilleure efficacité opérationnelle.

Il existe un certain nombre d'avantages importants tant pour les professionnels de la santé que pour les patients. Premièrement, l'interopérabilité permet aux professionnels d'avoir accès à des informations complètes et à jour sur les patients, facilitant ainsi des diagnostics plus précis et des traitements personnalisés.

Cela se produit parce qu'il existe une garantie que les données pertinentes sont disponibles en cas de besoin, réduisant ainsi le risque d'erreurs médicales résultant d'informations incomplètes ou mal interprétées.

En éliminant les redondances et en simplifiant les processus administratifs, l'interopérabilité favorise un fonctionnement plus efficace et plus rentable au sein des systèmes de santé, libérant ainsi du temps et des ressources qui peuvent être consacrés à l'amélioration des soins aux patients.

Pour les patients, l'interopérabilité des données se traduit par une meilleure continuité des soins. Grâce à un partage efficace des informations entre les différents prestataires de soins de santé, il est moins nécessaire de répéter les examens et les procédures, garantissant ainsi une expérience plus transparente et intégrée.

La mise en œuvre de l'interopérabilité dans le domaine des soins de santé se heurte à un certain nombre de défis complexes qui doivent être surmontés pour garantir son succès.

L'un des principaux obstacles est l'incompatibilité des normes de données entre les différents systèmes, ce qui rend difficile une intégration et un partage d'informations efficaces.

Cette disparité dans les formats et les structures peut générer des difficultés dans l'interprétation et l'utilisation des données, compromettant l'efficacité du système dans son ensemble.

Le partage de données sensibles, telles que les informations sur la santé des patients, nécessite également des mesures de sécurité strictes et le respect des réglementations en matière de confidentialité telles que le RGPD en Europe et la HIPAA aux États-Unis.

L'adaptation des systèmes existants et la mise en œuvre de nouvelles technologies présentent également des défis, car cela peut nécessiter des investissements substantiels en ressources financières et techniques.

La complexité de la mise à jour des systèmes existants et de l'intégration de nouvelles solutions technologiques peut constituer un obstacle important pour de nombreux établissements de santé. Cela nécessite une collaboration étroite entre plusieurs parties prenantes, notamment les prestataires de soins de santé, les développeurs de technologies, les régulateurs et les patients.

La coordination de ces efforts et l'alignement des intérêts nécessitent souvent une approche stratégique et multiforme, ce qui accroît encore la complexité du processus de mise en œuvre.

Il existe plusieurs initiatives et normes d'interopérabilité qui jouent un rôle clé dans la promotion de l'échange efficace de données de santé entre les systèmes et les organisations. L'une de ces initiatives est FHIR (Fast Healthcare Interoperability Resources), développée par HL7, qui établit une norme pour l'échange de données électroniques de santé.

FHIR facilite l'intégration des systèmes de santé en définissant un cadre commun pour l'échange d'informations, favorisant ainsi une plus grande interopérabilité entre les différentes plates-formes et applications.

Une autre initiative importante est l'IHE (Integrating the Healthcare Enterprise), qui promeut l'interopérabilité des systèmes informatiques de santé.

IHE définit des profils d'intégration qui guident la mise en œuvre des normes, facilitant l'intégration des systèmes de santé et garantissant un échange de données plus efficace et plus précis.

Des organisations telles que l'ONC (Office of the National Coordination for Health Information Technology) aux États-Unis et le EU eHealth Network en Europe jouent un rôle important dans l'élaboration de politiques et de programmes visant à promouvoir l'interopérabilité et à garantir le respect des réglementations en matière de sécurité et de confidentialité des données.

Ces initiatives et normes sont essentielles pour favoriser la collaboration entre les systèmes de santé et faciliter un échange d'informations plus efficace et plus sécurisé au profit des patients et des professionnels de santé.

Le partage de données dans le secteur de la santé est essentiel pour créer un système de santé plus efficace, plus sécurisé et centré sur le patient. Même s'il existe d'importants défis de mise en œuvre, les avantages potentiels font de l'interopérabilité un objectif essentiel pour les organismes de santé du monde entier.

Centre de Commandement

L'interopérabilité des données dans le domaine de la santé est essentielle pour améliorer l'efficacité des centres de commandement, centres de contrôle qui coordonnent les opérations dans les établissements de santé.

Il permet l'intégration de systèmes et de dispositifs, facilitant l'échange d'informations en temps réel entre différentes zones, ce qui améliore l'efficacité opérationnelle, la coordination des soins et les interventions d'urgence, en permettant une prise de décision davantage basée sur les données.

Le « centre de commande », également appelé salle de contrôle, est un environnement centralisé doté d'une technologie et d'outils de surveillance avancés, conçu pour surveiller et gérer les opérations en temps réel dans divers secteurs, tels que la sécurité, les transports, les soins de santé et les urgences.

Smith et coll. (2016) soulignent que ces centres offrent une vision globale et intégrée des activités en cours, permettant une coordination efficace et une réponse rapide aux événements ou situations critiques.

Selon Jones (2018), les « centres de commande » sont généralement équipés de systèmes de surveillance par caméra, de panneaux de contrôle interactifs, d'écrans vidéo et de logiciels d'analyse de données pour suivre et analyser les informations en temps réel.

Ces technologies permettent aux opérateurs de surveiller les événements en cours, d'identifier rapidement les problèmes ou tendances émergents et de prendre des décisions éclairées pour optimiser les performances opérationnelles.

Pour Brown (2020), les « centres de commandement » servent également de centres de communication et de coordination, permettant la collaboration entre différentes équipes et départements.

Grâce à des systèmes de communication intégrés, les opérateurs peuvent communiquer instantanément, partager des informations pertinentes et coordonner des réponses efficaces aux situations d'urgence ou imprévues.

Les « centres de commandement » jouent donc un rôle fondamental dans la gestion et la coordination efficaces d'opérations complexes dans différents secteurs, en offrant une vision intégrée, rapide et informée des activités en cours.

La mise en place de centres de commandement dans le domaine de la santé représente une avancée significative dans la gestion et le fonctionnement des services de santé.

Inspirés des centres de commandement utilisés dans des industries telles que l'aviation et l'armée, ces centres de haute technologie sont conçus pour surveiller, coordonner et optimiser les opérations hospitalières en temps réel.

L'objectif principal est d'améliorer l'efficacité, la sécurité des patients et la qualité des soins.

Un centre de commandement dans le secteur de la santé est une infrastructure fondamentale pour la gestion efficace et coordonnée des différentes opérations au sein d'un établissement médical.

Ses fonctionnalités incluent le suivi en temps réel d'indicateurs clés, tels que la disponibilité des lits, le flux des patients et l'utilisation des ressources médicales.

Cette capacité de surveillance continue permet une réponse rapide aux événements d'urgence et une optimisation des processus opérationnels pour garantir des soins efficaces et de qualité aux patients.

Plus que la surveillance, un centre de commandement des soins de santé joue également un rôle crucial dans l'analyse des données. Grâce à des outils d'analyse avancés et d'intelligence artificielle, il est possible de traiter de grands volumes de données cliniques et opérationnelles pour identifier des modèles, des tendances et des informations pertinentes.

Cette capacité analytique éclaire la prise de décision stratégique, permettant une gestion plus proactive et fondée sur des preuves.

La coordination des ressources est une autre fonctionnalité essentielle d'un centre de commandement des soins de santé. Grâce à des systèmes intégrés, Command Center facilite l'allocation efficace du personnel médical, des équipements, des médicaments et d'autres ressources, garantissant qu'ils sont disponibles quand et où ils sont le plus nécessaires. Cela optimise le flux de travail et minimise la surcharge de ressources dans certains domaines de l'institution.

En gérant les lits et le flux des patients, vous surveillez l'occupation et identifiez les opportunités d'optimisation, contribuant ainsi à réduire les temps d'attente. En conséquence, cela impacte une expérience plus fluide et satisfaisante pour les patients, en plus de contribuer à l'efficacité opérationnelle de l'établissement.

Un autre point est de faciliter la communication et la collaboration en fournissant une plateforme centralisée d'échange d'informations entre les équipes médicales, administratives et de support.

Cette communication intégrée en temps réel est essentielle pour une réponse coordonnée aux situations d'urgence et une prise de décision éclairée à tous les niveaux de l'établissement de santé.

Par conséquent, les avantages d'un Health Command Center sont divers et ont un impact positif à la fois sur la gestion interne des établissements médicaux et sur la qualité des soins prodigués aux patients.

Premièrement, la mise en œuvre d'un centre de commande fournit une vue complète en temps réel des opérations de l'hôpital, permettant une prise de décision plus agile et plus éclairée.

En surveillant les indicateurs clés, tels que l'occupation des lits, le flux des patients et la disponibilité des ressources, le Command Center permet aux gestionnaires d'identifier rapidement les zones de congestion, les goulots d'étranglement ou les besoins d'urgence, permettant ainsi la mise en œuvre de solutions. mesures immédiates pour optimiser les opérations de l'hôpital.

En traitant de grands volumes d'informations cliniques et opérationnelles, Command Center fournit des informations précieuses pour améliorer les processus internes, allouer les ressources plus efficacement et anticiper les demandes futures.

La mise en œuvre d'un centre de commandement dans le secteur de la santé se heurte également à un certain nombre de défis et de considérations importantes qui doivent être prises en compte. Premièrement, l'intégration de systèmes et de sources de données hétérogènes peut constituer un obstacle majeur.

Le changement culturel et organisationnel est un aspect crucial à considérer. La mise en place d'un Command Center nécessite un changement dans la mentalité et les pratiques de travail des équipes médicales et administratives.

Il est essentiel d'impliquer et de former les professionnels de la santé afin qu'ils comprennent la valeur du Command Center et soient prêts à adopter de nouveaux processus et technologies.

Cela nécessite un effort continu de formation et de communication pour garantir l'adhésion et la collaboration de toutes les personnes impliquées.

Un autre défi consiste à garantir la fiabilité et l'exactitude des données utilisées par le centre de commande. La qualité des données est essentielle pour une prise de décision affirmée et efficace.

Des mécanismes d'assurance qualité et de gouvernance des données doivent être mis en œuvre pour garantir que les informations analysées sont exactes, à jour et complètes.

Les exigences sont de normaliser les processus de collecte de données, de mettre en œuvre des protocoles de vérification et de validation et de définir des responsabilités claires pour maintenir la qualité des données.

Il est essentiel de garantir que Command Center respecte les réglementations en matière de protection des données, telles que le RGPD en Europe et la HIPAA aux États-Unis, et que des mesures de cybersécurité appropriées sont mises en œuvre pour protéger les données contre les accès non autorisés ou les violations.

L'investissement financier et les ressources nécessaires à la mise en œuvre et à la maintenance d'un centre de commandement sont des aspects qui ne peuvent être sous-estimés. La construction et l'exploitation d'un centre de commandement nécessitent des investissements importants en infrastructure technologique, en logiciels spécialisés, en personnel qualifié et en formation.

Par conséquent, il est essentiel de procéder à une analyse minutieuse du retour sur investissement et de s'assurer que les avantages potentiels justifient les coûts associés à la mise en œuvre de Command Center dans le secteur de la santé.

Certains hôpitaux et systèmes de santé dans le monde ont déjà mis en place avec succès des centres de commandement. Johns Hopkins, l'un des pionniers, utilise un centre de commande pour surveiller et optimiser sa capacité en lits, réduisant ainsi considérablement les temps d'attente et améliorant l'efficacité du flux des patients.

L'Hôpital das Clínicas de la Faculté de Médecine de l'Université de São Paulo (HCFMUSP) a mis en œuvre un

Bien que les centres de commandement du secteur de la santé représentent une évolution passionnante dans le paysage des soins de santé, il est essentiel d'aborder soigneusement les défis et les considérations associés afin de maximiser leur potentiel et de garantir qu'ils contribuent de manière significative à l'amélioration continue de la prestation des services de santé.

Open Health

L'interopérabilité des données dans le domaine des soins de santé est une condition nécessaire pour parvenir à une vision selon laquelle les données seront accessibles, sécurisées et utilisées de manière éthique pour améliorer les résultats en matière de santé.

Cela conduit à une collaboration plus large et plus intégrée, favorisant l'innovation, la recherche et la prestation de soins centrés sur le patient.

Selon une étude de García-Gómez et al. (2019), Open Health est défini comme un modèle dans lequel les données de santé sont partagées de manière ouverte et transparente entre les patients, les professionnels de la santé et d'autres parties prenantes, favorisant la collaboration et l'innovation dans la prestation des soins de santé.

Smith et Jones (2020) élargissent cette définition, soulignant que la santé ouverte ne se limite pas aux données cliniques, mais englobe également des informations sur le mode de vie, la génétique et d'autres aspects pertinents pour la santé.

Johnson et coll. (2021) soulignent qu'Open Health va au-delà du simple partage de données, intégrant des principes de gouvernance, d'éthique et de sécurité pour garantir que les avantages de cette approche sont obtenus sans compromettre la confidentialité des informations sur les patients.

Ces auteurs convergent vers l'idée selon laquelle la santé ouverte a le potentiel de transformer radicalement la manière dont les soins de santé sont dispensés et gérés, en responsabilisant les patients, en promouvant l'innovation et en améliorant les résultats en matière de santé.

Le concept d'Open Health représente un mouvement vers la transparence, l'interopérabilité et le partage de données dans le secteur de la santé.

L'idée centrale est que les données de santé soient accessibles, utilisables et partageables entre différents systèmes et parties prenantes, notamment les professionnels de la santé, les patients, les chercheurs et les développeurs de technologies.

Open Health cherche à promouvoir une culture de collaboration et d'innovation, en améliorant la qualité des soins, l'efficacité des services de santé et l'autonomisation des patients.

Il repose sur des principes essentiels qui guident son fonctionnement et sa mission. La transparence est l'un de ces principes et est cruciale lorsqu'il s'agit de données de santé.

L'information doit être transparente et accessible à toutes les personnes concernées, des patients et professionnels de santé aux chercheurs, en garantissant un accès sûr et éthique.

Cet accès renforce non seulement la confiance dans le système de santé, mais facilite également une collaboration efficace et une prise de décision éclairée à tous les niveaux.

La transparence des données de santé est une base essentielle pour garantir des soins de santé de qualité et promouvoir en permanence la recherche et l'innovation dans le secteur de la santé.

L'interopérabilité est un autre principe fondamental de l'Open Health. Il est essentiel de garantir que les différents systèmes de santé puissent échanger et interpréter les données de manière efficace et précise.

Lorsque les systèmes de santé sont interopérables, les données peuvent circuler librement entre eux, offrant ainsi une vue complète et précise de l'historique médical d'un patient.

Cette interopérabilité améliore non seulement la coordination des soins, mais favorise également une prise de décision plus éclairée et plus efficace par les professionnels de la santé. Il s'agit d'un élément essentiel pour garantir des soins de santé intégrés et de haute qualité à tous les niveaux du système de santé.

Open Health promeut activement la collaboration entre un large éventail de parties prenantes, notamment les gouvernements, les établissements de santé, les entreprises technologiques et les organisations de patients.

La collaboration est essentielle pour stimuler l'innovation, améliorer les soins de santé et relever plus efficacement les défis complexes en matière de soins de santé.

En unissant leurs forces, les parties prenantes peuvent partager leurs connaissances, leurs ressources et leurs expériences, développant ainsi des solutions plus complètes et holistiques aux problèmes de santé.

Il facilite également l'échange d'informations et de bonnes pratiques, favorisant ainsi une approche plus intégrée et centrée sur le patient en matière de prestation de soins de santé. En fin de compte, la collaboration est essentielle pour créer un système de santé plus efficace, plus accessible et axé sur le bien-être pour tous.

L'autonomisation des patients est un autre principe fondamental d'Open Health. Le concept préconise que les patients aient accès à leurs propres données de santé et soient habilités à les utiliser pour prendre des décisions éclairées concernant leurs propres soins.

Par conséquent, les patients doivent avoir le contrôle et l'autonomie sur leurs informations médicales, en pouvant y accéder de manière simple et compréhensible.

En ayant accès à leurs données de santé, les patients peuvent devenir des partenaires actifs dans le processus de soins, en comprenant mieux leur état, leurs antécédents médicaux et leurs options de traitement. Cet accès renforce non seulement la relation entre les patients et les professionnels de la santé, mais permet également aux patients de participer activement aux décisions liées à leur santé et à leur bien-être.

Par conséquent, l'autonomisation des patients est essentielle pour promouvoir une approche centrée sur le patient dans la prestation des soins de santé et améliorer les résultats cliniques et la satisfaction des patients.

L'innovation est un pilier crucial de l'Open Health. Il reconnaît que le libre accès aux données sur la santé est un catalyseur clé pour le développement de nouvelles technologies, traitements et méthodes de soins.

En rendant les données de santé accessibles et éthiques, Open Health favorise la collaboration et la créativité au sein de l'écosystème de la santé.

Par conséquent, il permet aux chercheurs, aux professionnels de la santé, aux entreprises technologiques et à d'autres parties prenantes d'utiliser ces données pour identifier les tendances, découvrir des informations et développer des solutions innovantes aux défis des soins de santé.

Le libre accès aux données de santé peut conduire à des avancées significatives dans des domaines tels que la médecine personnalisée, le diagnostic précoce des maladies, la surveillance à distance des patients, etc.

L'adoption du concept Open Health apporte un certain nombre d'avantages importants qui favorisent une approche plus transparente, collaborative et centrée sur le patient en matière de prestation de soins de santé.

De l'amélioration de la qualité des soins et de l'efficacité opérationnelle à l'autonomisation des patients et aux progrès de la recherche et de l'innovation.

En permettant un accès ouvert et sécurisé aux données de santé, Open Health entraîne une transformation positive dans l'écosystème de la santé, conduisant à de meilleurs résultats pour les patients et les professionnels de la santé.

Un accès facile et rapide à des données complètes et précises permet aux professionnels de la santé de prendre des décisions plus éclairées et de fournir des soins de haute qualité. Les systèmes interopérables réduisent la redondance, minimisent les erreurs et améliorent la coordination entre les différents prestataires de soins de santé.

Malgré les avantages significatifs qu'offre l'Open Health, sa mise en œuvre se heurte à un certain nombre de défis considérables. Ces obstacles peuvent aller de problèmes techniques à des défis liés à la sécurité et à l'acceptation culturelle.

Explorons ces défis pour mieux comprendre les aspects complexes impliqués dans l'adoption et la mise en œuvre réussies d'Open Health.

Garantir la protection des données de santé contre les accès non autorisés et les violations de la vie privée est de la plus haute importance. Cela nécessite la mise en œuvre de mesures de cybersécurité strictes et le strict respect des réglementations en matière de confidentialité.

L'absence de normes unifiées peut constituer un défi important pour l'échange et l'interprétation des données entre différents systèmes. L'adoption de normes communes, telles que FHIR (Fast Healthcare Interoperability Resources), devient donc essentielle pour faciliter cette interopérabilité.

La transition vers un système de santé ouvert peut nécessiter des investissements substantiels dans la technologie et les infrastructures. L'établissement de politiques et de structures de gouvernance claires pour le partage des données est essentiel pour garantir une utilisation éthique et responsable des données de santé.

Plusieurs pays et organisations mettent en œuvre avec succès des initiatives Open Health. Aux États-Unis, le programme Medicare Blue Button permet aux bénéficiaires de télécharger et de partager leurs données de santé.

L'initiative ONC (Bureau du Coordinateur National des Technologies de l'Information sur la Santé) promeut l'interopérabilité et l'utilisation de standards ouverts.

Le projet eHealth Network in Europe vise à créer un espace européen de données de santé, facilitant l'échange sécurisé de données de santé entre les pays membres.

Au Brésil, le SUS (Sistema Único de Saúde) développe des initiatives visant à numériser et à partager les données de santé de manière sécurisée et accessible, notamment en utilisant des dossiers médicaux électroniques.

Open Health a donc le potentiel de transformer considérablement le secteur de la santé en favorisant une plus grande transparence, collaboration et innovation.

Même s'il reste des défis à relever, les avantages potentiels en termes de qualité des soins, d'efficacité opérationnelle, d'autonomisation des patients et de progrès en recherche sont énormes.

Grâce à un effort coordonné entre les gouvernements, les établissements de santé, les entreprises technologiques et les patients, Open Health peut conduire à un système de santé plus intégré, plus efficace et centré sur le patient.

Écosystèmes de santé

L'échange efficace et sécurisé d'informations cliniques et de dossiers médicaux facilite le développement d'écosystèmes de soins de santé intégrés et favorise les initiatives de santé ouverte, stimulant l'innovation et la prestation de soins personnalisés et centrés sur le patient.

Le terme « écosystèmes de santé » a été abordé par différents auteurs, offrant diverses perspectives sur sa signification et ses implications.

Selon Greenwood et Dobson (2018), les écosystèmes de santé sont définis comme des réseaux complexes d'interactions entre les différents acteurs et éléments qui influencent la santé d'une population, notamment les établissements de santé, les professionnels, les patients, les organisations gouvernementales et privées, voire même les organismes socio-économiques et environnementaux. . facteurs.

Cette définition met en évidence la nature interconnectée et dynamique des systèmes de santé, soulignant l'importance d'une approche holistique pour comprendre et relever les défis de santé.

D'un autre côté, Sturmberg et Martin (2020) élargissent cette définition en décrivant les écosystèmes de santé comme des systèmes adaptatifs complexes qui s'auto-organisent en réponse aux demandes et aux changements environnementaux.

Ils soulignent la nécessité de reconnaître et de valoriser la diversité et l'hétérogénéité des acteurs et des éléments au sein de ces écosystèmes, et plaident en faveur d'une approche plus flexible et adaptative de la gestion et de l'amélioration de la santé.

Certains estiment que les écosystèmes de santé se caractérisent par leur complexité et leur dynamisme, et qu'une compréhension plus approfondie de ces systèmes est essentielle pour promouvoir des interventions sanitaires efficaces et durables.

Le concept d'écosystème de soins de santé fait référence à un ensemble intégré d'organisations, de technologies et d'individus qui interagissent et collaborent pour fournir des soins de santé.

Ces écosystèmes se caractérisent par leur complexité et leur interdépendance, où chacun joue un rôle crucial dans la promotion de la santé et du bien-être des patients.

La création d'écosystèmes de soins de santé efficaces est essentielle pour relever les défis modernes en matière de soins de santé, tels que la demande croissante de services, le vieillissement des populations et le besoin d'innovation continue.

Un écosystème de soins de santé est composé d'une série d'éléments interconnectés qui collaborent pour fournir des soins de santé de qualité et promouvoir le bien-être des patients.

Au centre se trouvent les patients eux-mêmes, qui sont les principaux bénéficiaires des services de santé. De plus en plus actifs et informés, les patients jouent un rôle crucial dans la gestion de leur propre santé et dans le processus décisionnel en matière de soins de santé.

Les professionnels de santé, notamment les médecins, les infirmiers, les pharmaciens et autres prestataires de soins directs, sont des acteurs clés du fonctionnement de l'écosystème.

Leurs compétences et leur expérience sont essentielles pour diagnostiquer, traiter et prévenir les maladies, en fournissant des soins personnalisés et efficaces aux patients. Les établissements de santé, tels que les hôpitaux, cliniques, laboratoires et autres établissements de santé, constituent les piliers physiques de l'écosystème et fournissent l'environnement et les ressources nécessaires à la prestation des soins de santé.

Les technologies de l'information sur la santé (TIH) jouent un rôle de plus en plus important, fournissant des systèmes de dossiers de santé électroniques, des applications de santé mobiles, la télémédecine et d'autres outils qui facilitent la communication, le partage de données et une prestation de soins plus efficace et efficiente. intégré.

L'industrie pharmaceutique et des dispositifs médicaux contribue à l'écosystème en développant des médicaments, des vaccins, des équipements médicaux et des technologies de diagnostic qui aident à prévenir, diagnostiquer et traiter les maladies.

Les payeurs et les assureurs jouent un rôle crucial dans le financement des soins de santé, en fournissant une assurance maladie publique et privée qui permet d'accéder aux services médicaux nécessaires.

Les régulateurs et les gouvernements établissent des politiques, des réglementations et des lignes directrices pour garantir la qualité et la sécurité des services de santé, protéger les droits des patients et promouvoir l'équité dans l'accès aux soins de santé.

Enfin, les organismes de recherche et d'enseignement, tels que les universités, les instituts de recherche et les établissements d'enseignement, jouent un rôle essentiel dans la formation de nouveaux professionnels de la santé et dans la conduite de recherches qui font progresser les connaissances médicales et stimulent l'innovation dans ce domaine. secteur.

Ces différents éléments fonctionnent ensemble pour créer un environnement de soins de santé dynamique, collaboratif et centré sur le patient.

La création d'un écosystème de santé intégré offre une série d'avantages qui ont un impact positif à la fois sur les patients, les professionnels de la santé et les institutions du secteur. L'un des principaux bénéfices est l'amélioration de la qualité du service.

L'intégration des données et la collaboration entre les différentes parties de l'écosystème aboutissent à des soins plus coordonnés et personnalisés pour les patients, garantissant une approche holistique et centrée sur le patient.

Un autre point est l'efficacité opérationnelle nettement améliorée. L'interopérabilité et l'automatisation réduisent les redondances et le gaspillage, améliorant ainsi l'efficacité des services de santé et permettant une allocation plus efficace des ressources. L'innovation est également encouragée au sein d'un écosystème de santé intégré.

La collaboration entre les établissements de santé, les entreprises technologiques et les organismes de recherche accélère le développement et la mise en œuvre de nouvelles technologies et de nouveaux traitements, conduisant à des avancées significatives dans la prestation des soins de santé.

Cela augmente également l'accessibilité aux soins de santé. Un écosystème bien coordonné peut élargir l'accès aux soins, notamment grâce à des technologies telles que la télémédecine, qui permettent la fourniture de services médicaux à distance et la mise en relation avec des spécialistes dans les zones reculées.

Enfin, la durabilité financière et environnementale du système de santé est favorisée. L'efficacité opérationnelle et l'innovation continue contribuent à la viabilité financière des établissements de santé, tout en réduisant l'impact environnemental grâce à l'optimisation des ressources et des processus.

On peut citer la collaboration et l'alignement de toutes les parties prenantes comme une condition nécessaire au succès d'un écosystème de santé. Veiller à ce que toutes les organisations et tous les professionnels impliqués soient alignés en termes d'objectifs et de pratiques peut être complexe et nécessite une communication efficace et une gouvernance claire.

La réglementation représente également un défi de taille, car les écosystèmes de santé doivent composer avec des réglementations variées et souvent strictes.

Cela nécessite une compréhension approfondie des lois et réglementations applicables et le développement de stratégies de conformité appropriées.

La mise en œuvre de nouvelles technologies et processus nécessite souvent un changement culturel et une formation continue pour garantir que toutes les personnes impliquées sont prêtes à adopter et à utiliser efficacement les nouveaux outils et pratiques.

En relevant ces défis de manière proactive et collaborative, les écosystèmes de soins de santé peuvent surmonter les obstacles et atteindre leur plein potentiel pour améliorer les soins de santé.

Plusieurs pays et régions développent avec succès des écosystèmes de soins de santé intégrés, favorisant la collaboration entre les différentes parties prenantes et favorisant l'amélioration des soins de santé.

Aux États-Unis, l'écosystème de la santé se caractérise par un vaste réseau d'hôpitaux, d'assureurs, d'entreprises technologiques et d'agences de réglementation. Des initiatives telles que le Health Information Exchange (HIE) ont été mises en œuvre pour promouvoir l'interopérabilité et faciliter l'échange de données entre les différentes composantes du système de santé.

Au sein de l'Union européenne, le projet European Health Data Space vise à créer un environnement numérique unifié pour l'échange de données de santé entre les pays membres. Cette initiative vise à améliorer la recherche et les soins transfrontaliers en favorisant une collaboration plus étroite et plus efficace entre les systèmes de santé européens.

Singapour est un autre exemple de pays doté d'un écosystème de soins de santé hautement intégré et efficace. Le système de santé de Singapour est connu pour son intégration et son utilisation efficace de la technologie, en mettant clairement l'accent sur des soins coordonnés et centrés sur le patient.

L'adoption de technologies innovantes et l'accent mis sur la collaboration entre les différentes parties prenantes ont été essentiels au succès du système de santé de Singapour.

Ces exemples démontrent comment la création d'écosystèmes de soins de santé intégrés peut conduire à des améliorations significatives des soins de santé et de l'expérience des patients, favorisant ainsi une approche plus holistique et coordonnée de la prestation des soins de santé.

Les écosystèmes de soins de santé représentent une approche holistique et intégrée de la prestation de soins de santé, dans laquelle la collaboration et la technologie jouent un rôle crucial.

Même si sa mise en œuvre présente des défis importants, les avantages potentiels en termes de qualité des soins, d'efficacité et d'innovation font de la création d'écosystèmes de santé efficaces un objectif essentiel pour l'avenir du secteur de la santé.

Grâce à des efforts et des investissements coordonnés dans l'interopérabilité et la sécurité, les écosystèmes de soins de santé peuvent transformer la manière dont les soins de santé sont dispensés, au bénéfice des patients et des professionnels de santé du monde entier.

Maturité Numérique dans les Etablissements de Santé

La maturité numérique dans le domaine des soins de santé fait référence au niveau de développement et à la capacité d'un organisme de santé à utiliser efficacement les technologies numériques pour améliorer ses processus, ses services et ses résultats cliniques.

Selon la HIMSS (Healthcare Information and Management Systems Society), la maturité numérique peut être définie comme « la capacité d'un organisme de santé à évaluer, planifier et mettre en œuvre des stratégies numériques efficaces pour améliorer la qualité des soins, la sécurité des patients et l'efficacité opérationnelle ».

Cela implique non seulement l'adoption des technologies numériques, mais également l'intégration et l'optimisation de ces technologies dans tous les aspects de la prestation des soins de santé.

Selon le cabinet de conseil Deloitte, la maturité numérique dans le secteur de la santé englobe également la capacité d'une organisation à utiliser les données de manière intelligente et stratégique pour éclairer les décisions cliniques et opérationnelles.

Cela comprend la collecte, l'analyse et l'interprétation de données cliniques, administratives et financières afin d'identifier des modèles, des tendances et des opportunités d'amélioration.

En résumé, la maturité numérique dans le secteur des soins de santé ne se limite pas à l'adoption de technologies, mais englobe également la capacité d'utiliser ces technologies de manière efficace et fondée sur les données afin de générer de meilleurs résultats pour les patients et l'organisation dans son ensemble. .

HIMSS (Health Information and Management Systems Society) propose deux modèles d'évaluation de la maturité numérique largement reconnus dans le secteur de la santé : l'EMRAM (Electronic Medical Records Adoption Model) et l'O-EMRAM (Electronic Medical Records Adoption Model). pour les patients ambulatoires).

Ces modèles fournissent un cadre pour évaluer le stade d'adoption et d'utilisation des dossiers médicaux électroniques dans les hôpitaux et les cliniques externes, respectivement.

EMRAM évalue l'adoption de systèmes de dossiers médicaux électroniques en milieu hospitalier, en proposant une échelle en sept étapes allant de la simple informatisation à la pleine utilisation des dossiers médicaux électroniques.

Chaque étape représente un niveau progressivement plus élevé d'intégration et d'utilisation de la technologie pour améliorer les soins de santé et l'efficacité opérationnelle.

D'autre part, O-EMRAM est spécifique aux contextes ambulatoires, tels que les cabinets médicaux et les cliniques. Ce modèle suit une structure similaire à celle d'EMRAM, mais adaptée pour évaluer l'adoption des dossiers médicaux électroniques en milieu ambulatoire.

Les deux modèles HIMSS fournissent une évaluation complète de la maturité numérique en matière de santé et aident les organisations à identifier les domaines d'opportunité d'amélioration et de développement dans le domaine des technologies de l'information sur la santé.

Reconnu pour son expertise en matière d'évaluation de la maturité numérique et de services de conseil en soins de santé, Ernst & Young (EY) aide les organisations à évaluer leur état de préparation et leur capacité à se lancer dans le parcours de transformation numérique.

Grâce à des approches personnalisées, EY travaille en étroite collaboration avec ses clients pour comprendre leurs besoins spécifiques et proposer des solutions qui stimulent l'innovation et le progrès numérique dans le domaine de la santé.

Conclusion

Alors que nous disons au revoir à cette exploration de la santé numérique et entrevoyons l'avenir des soins de santé, il est clair que nous assistons à une révolution sans précédent dans le secteur de la santé.

L'intersection de la technologie et de la médecine ouvre de nouveaux horizons, favorisant une approche plus intégrée, personnalisée et centrée sur le patient de la prestation des soins de santé.

L'un des piliers fondamentaux de cette avancée est l'échange de données. Alors que les systèmes de santé deviennent de plus en plus interconnectés et interopérables, la libre circulation des informations entre les patients, les professionnels de santé, les établissements médicaux et les entreprises technologiques transforme la façon dont nous comprenons et abordons les soins de santé.

L'accès à des données précises en temps réel permet des diagnostics plus rapides et plus précis, des traitements plus efficaces et une coordination plus fluide entre les différents points de soins.

Le « Patient Journey » apparaît comme un concept central en santé numérique. En adoptant une approche holistique centrée sur le patient, les systèmes de santé reconnaissent l'importance de prendre en compte non seulement les aspects physiques, mais aussi émotionnels, sociaux et comportementaux de la santé.

Donner aux patients les moyens de gérer leur propre santé en leur fournissant des outils et des informations pertinents devient une priorité cruciale dans la prestation de soins de santé.

Pour avancer vers l'avenir, il est essentiel que nous continuions à donner la priorité au partage des données et au parcours du patient en tant que pierres angulaires de la santé numérique.

Cela nécessitera une collaboration entre toutes les parties prenantes de l'écosystème des soins de santé, ainsi que des investissements continus dans l'infrastructure technologique, la cybersécurité et l'éducation des patients.

Cependant, alors que nous sommes confrontés aux défis qui accompagnent cette transformation, nous devons également célébrer les opportunités qu'elle offre.

La santé numérique nous offre la possibilité de réimaginer et de réinventer le système de santé pour le rendre plus accessible, efficace et centré sur le patient.

Grâce à une approche collaborative et tournée vers l'avenir, nous pouvons construire un monde où chacun a accès à des soins de santé de qualité et où le parcours du patient est véritablement responsabilisant et transformateur.

Glossaire des Termes Techniques

DSE (Dossier de Santé Electronique) : Dossier de Santé Electronique Un système numérique permettant de stocker les informations médicales des patients.

Télémédecine : Fourniture de services de santé à distance grâce aux technologies de communication, telles que la vidéoconférence et les appels téléphoniques.

Wearables : appareils électroniques portables qui surveillent et enregistrent des données liées à la santé et au bien-être de l'utilisateur.

Interopérabilité : capacité de différents systèmes et appareils à échanger et utiliser des informations de manière cohérente.

Intelligence artificielle (IA) : technologie qui permet aux systèmes informatiques d'effectuer des tâches qui nécessitent généralement l'intelligence humaine, telles que la reconnaissance de formes, l'apprentissage et la prise de décision.

Big Data : un ensemble de données extrêmement vaste et complexe qui peut être analysé pour révéler des modèles, des tendances et des associations.

Blockchain : système de registre distribué et immuable qui peut être utilisé pour garantir la sécurité et la transparence des données.

RGPD (Règlement Général sur la Protection des Données) : règlement européen qui définit des normes strictes en matière de protection des données personnelles.

HIPAA (Health Insurance Portability and Accountability Act) : loi américaine qui protège les informations médicales des patients.

Références bibliographiques

Livres et articles académiques.

ATZORI, L.; IERA, A.; MORABITO, G. The Internet of Things: A survey. Computer Networks, v. 54, n. 15, p. 2787-2805, 2010.

BASHSHUR, R. L.; SHANNON, G. W.; KRUPINSKI, E. A. The Definition of Telemedicine. Telemedicine and e-Health, v. 25, n. 3, p. 235-237, 2019.

BATES, D. W.; EBELL, M.; GOTLIEB, E.; ZAPP, J.; MULLINS, H. C. A proposal for electronic medical records in U.S. primary care. Journal of the American Medical Informatics Association, v. 10, n. 1, p. 1–10, 2003. DOI: 10.1197/jamia.M1092

BATES, D. W.; LEAPE, L. L.; CULLEN, D. J.; LAIRD, N.; PETERSEN, L. A.; TEICH, J. M.; ... SEGER, D. L. Effect of computerized physician order entry and a team intervention on prevention of serious medication errors. JAMA, v. 280, n. 15, p. 1311-1316, 2003.

BENNETT, C.; RAAB, C. The Harmonization of Data Protection Practices through PIPEDA. Journal of International Data Privacy Law, v. 12, n. 3, p. 115-130, 2018.

BLUMENTHAL, D. Launching HITECH. The New England Journal of Medicine, v. 364, n. 5, p. 382-385, 2011. DOI: 10.1056/NEJMp1012825

BUNTIN, M. B.; BURKE, M. F.; HOAGLIN, M. C.; BLUMENTHAL, D. The benefits of health information technology: A review of the recent literature shows predominantly positive results. Health Affairs, v. 30, n. 3, p. 464-471, 2011.

BUYYA, R. Internet of Things: Principles and Paradigms. Academic Press, 2018.

EYSENBACH, G. What is e-health? Journal of Medical Internet Research, v. 3, n. 2, e20, 2001.

GAGNÉ, M.; DUBUC, M. Robotic Surgery Platforms: Features and Applications. Surgical Innovations, v. 15, n. 1, p. 25-40, 2018.

GARCÍA-GÓMEZ, J. M.; GONZÁLEZ, R.; PÉREZ, S. Open Health: Data Sharing Models for Collaborative and Innovative Healthcare. International Journal of Medical Informatics, v. 15, n. 3, p. 220-235, 2019.

GEE, P. M.; PATERNITI, D. A.; WARD, D.; SOEDERBERG MILLER, L. M. e-Patients perceptions of using personal health records for self-management support of chronic illness. Computers, Informatics, Nursing, v. 33, n. 6, p. 229-237, 2015.

GUBBI, J.; BUYYA, R.; MARUSIC, S.; PALANISWAMI, M. Internet of Things (IoT): A vision, architectural elements, and future directions. Future Generation Computer Systems, v. 29, n. 7, p. 1645-1660, 2013.

HÄYRINEN, K.; SARANTO, K.; NYKÄNEN, P. Definition, structure, content, use and impacts of electronic health records: A review of the research literature. International Journal of Medical Informatics, v. 77, n. 5, p. 291-304, 2008. DOI: 10.1016/j.ijmedinf.2007.09.001

HOUSEMAN, T.; DREDZE, M. The impact of big data on healthcare: A review. Journal of Biomedical Informatics, v. 56, p. 207-215, 2015.

JACKSON, J.; BOREN, S. Wearable technology: Impact on health and wellness. Journal of Medical Systems, v. 43, n. 9, p. 308, 2019.

JONES, M. The Role of Command Centers in Modern Healthcare. Journal of Healthcare Technology, v. 9, n. 4, p. 180-195, 2018.

KAPLAN, B. How Should Health Data Be Used? Privacy, Secondary Use, and Big Data Sales. Cambridge Quarterly of Healthcare Ethics, v. 25, n. 2, p. 312-329, 2016.

KAY, M.; SANTOS, J.; TAKANE, M. mHealth: New horizons for health through mobile technologies. World Health Organization, v. 3, n. 7, p. 1-117, 2001.

KEESARA, S.; JONAS, A.; SCHULMAN, K. Covid-19 and health care's digital revolution. New England Journal of Medicine, v. 382, n. 23, e82, 2020.

KERN, L. M.; BARRÓN, Y.; DORAN, R.; ELDER, N. Interoperability of Health Data: Defining Effective Use in Healthcare. Journal of Health Informatics, v. 12, n. 3, p. 65-80, 2016.

KUMAR, S.; PURASWANI, S. Data Protection Laws in Healthcare: Ensuring Privacy and Confidentiality. Journal of Health Law and Ethics, v. 12, n. 1, p. 45-60, 2020.

MCKINSEY GLOBAL INSTITUTE. The Internet of Things: Mapping the value beyond the hype. McKinsey & Company, 2015.

NOSTA, J. The Fourth Industrial Revolution: Digital Health. Forbes, 2018.

PATEL, V.; ASHRAFIAN, H.; DARZI, A.; ATHANASIOU, T. Evaluating the role of mobile applications in improving health outcomes in cardiothoracic surgery. Annals of Thoracic Surgery, v. 99, n. 1, p. 200-207, 2015.

PATEL, V.; WANG, J. Wearable technology in medicine and health care: Wearables can provide real-time data and insights. Journal of Medical Internet Research, v. 22, n. 10, e20492, 2020.

PERAKSLIS, E. D.; FU, K. The Value of Safety in Healthcare. Journal of Cybersecurity in Healthcare, v. 4, n. 2, p. 85-100, 2021.

RIES, E. The Lean Startup: How Today's Entrepreneurs Use Continuous Innovation to Create Radically Successful Businesses. New York: Crown Business, 2011.

SHAH, R.; AMIN, S.; GOPAL, A. The Role of Robotic Systems in Enhancing Surgical Precision. Journal of Robotic Surgery, v. 10, n. 2, p. 115-130, 2021.

SMITH, J.; WILLIAMS, P.; JONES, L. Command Centers in Healthcare: Enhancing Coordination and Response. Healthcare Management Review, v. 21, n. 2, p. 145-160, 2016.

SMITH, M. W.; HOPKINS, D. A. Patient Journey Mapping in a Healthcare Setting. In: Improving Patient Experience. Springer, Cham, 2018. p. 29-43.

TOPOL, E. J. Deep Medicine: How Artificial Intelligence Can Make Healthcare Human Again. Hachette UK, 2019.

TOPOL, E. J. The Creative Destruction of Medicine: How the Digital Revolution Will Create Better Health Care. Basic Books, 2012.

WESTPHAL, J. D.; GULATI, R.; SHORTELL, S. M. Customization or conformity? An institutional and network perspective on the content and consequences of TQM adoption. Administrative Science Quarterly, v. 42, n. 2, p. 366-394, 2010.

Articles de magazines et de journaux

Bertalán Mesko. (2017). L'avenir des soins de santé : l'impact de la santé numérique. *Forum économique mondial* . Extrait de https://www.weforum.org/agenda/2017/03/the-future-of-healthcare-the-impact-of-digital-health/

Oliver, D. (2016). Santé numérique : surveillance, technologie et appareils portables. *Le gardien* . Obtenu à partir de https://www.theguardian.com/technology/2016/apr/07/digital-health-tracking-technology-wearables

Rapports et documents officiels

Organisation Mondiale de la Santé. (2018). Ligne directrice de l'OMS : Recommandations sur les interventions numériques pour le renforcement du système de santé. Genève : Organisation mondiale de la santé.

Union européenne. (2016). Règlement Général sur la Protection des Données (RGPD). Journal officiel de l'Union européenne.

Département américain de la Santé et des Services sociaux (1996). Loi sur la portabilité et la responsabilité de l'assurance maladie (HIPAA). Washington, DC : Imprimerie du gouvernement des États-Unis.

Ressources en ligne et sites Web

École de médecine de Harvard. (2023). Santé numérique. Obtenu à partir de https://hms.harvard.edu/departments/digital-health

Association internationale d'informatique médicale (IMIA). (2023). Qu'est-ce que l'informatique de la santé ? Extrait de https://imia-medinfo.org/wp/what-is-health-informatics/

Instituts nationaux de la santé (NIH). (2023). SantéIT. Obtenu à partir de https://www.nih.gov/health-information/health-it

Gupta, S. et Khanna, N. (2016). Redéfinir le parcours du patient dans les soins de santé : une approche centrée sur le patient. Journal de gestion des soins de santé, 61(4), 262-274.

Smith, J., Jones, M. et Doe, A. (2018). Comprendre le parcours du patient : concepts et méthodologies. Journal de l'expérience des patients, 5(1), 63-72.

Johnson, R., Brown, K. et Lee, S. (2020). Cartographier le parcours du patient : un cadre pour comprendre les expériences de soins de santé. Journal de l'expérience des patients, 7(3), 276-286.

Études de cas et exemples pratiques

Institut de télémédecine de l'Inde. (2020). Mise en place d'un réseau de télémédecine. *Rapport annuel de l'Institut de Télémédecine* .

Fitbit et la santé cardiaque aux États-Unis (2021). Surveillance continue de la santé avec des appareils portables. *J'étudie à l'Université de Stanford* .

Applications de santé en Afrique. (2019). Réduction du paludisme grâce aux technologies mobiles. *Rapport de l'Organisation mondiale de la santé* .

Conférences et colloques

Symposium annuel de l'American Medical Informatics Association (AMIA). (2022). Actes sur l'informatique de santé et la santé numérique.

Conférence et exposition HIMSS sur la santé mondiale. (2023). Innovations en matière de santé et de technologie numériques.

Législation et réglementation

Loi générale sur la protection des données personnelles (LGPD), Brésil. (2018). Loi n° 13 709.

Loi sur les technologies de l'information sur la santé pour la santé économique et clinique (HITECH) (2009). Congrès des États-Unis.